Vegan

Italien

Die vegane

Länder-Kochbuchreihe

Neun Zehn Verlag

Inhalt

Basics

Vorspeisen

Hauptspeisen

Nachspeisen

Basics

Pasta

Pasta gehört einfach zur italienischen Küche wie „la dolce vita“ zu Italien. Die Teigwaren werden entweder in der Suppe serviert , mit einer köstlichen Sauce oder im Ofen überbacken.

Nudeln werden grundsätzlich aus Hartweizengrieß, Hartweizenmehl oder Weizenmehl und Wasser hergestellt, wobei Nudeln aus Hartweizengrieß mehr Festigkeit haben als die weicheren und klebrigeren Weizenmehlnudeln.

Man kann sich unter einer großen Vielfalt von Pastaformen entscheiden, generell unterscheidet man zwischen Pasta corta (kleinere Nudeln) und Pasta lunga (längere Nudeln). Als Faustregel gilt, je leichter und dünnflüssiger die Sauce, desto länger die Pastasorte. Pasta corta wird somit mit festeren Saucen vermengt. Auch die Breite der Nudeln und ihre Oberflächenstrukturen entscheiden, welche Sauce gut zu ihnen passt: Die Sauce darf schwer und reichhaltig sein, wenn die Pasta breit und rillig (rigate) ist.

Um Pasta richtig zu kochen, also al dente, bedarf es keines großen Wissens, trotzdem sollte man dabei folgendes beachten:

- Immer einen großen Topf verwenden, denn Nudeln benötigen viel Platz. Für ca. 200 g Pasta 2 l Wasser zum Kochen bringen, damit die Nudeln nicht zusammenkleben.
- Erst wenn das Wasser kocht, Salz beimengen, 3 Teelöffel für 2 l Wasser. Während der gesamten Kochzeit sollte das Wasser köcheln (sprudeln).
- Nudeln immer ins kochende Wasser geben und umrühren. Bitte keinen Deckel auf den Topf setzen und die Pasta stets im Auge behalten. Zwischendurch umrühren. Immer wieder probieren, ob die Nudeln den richtigen „Biss“ erreicht haben. Der Kern der Pasta sollte noch ein bisschen fest sein, während sie außen bereits weich ist. Die Kochzeit ist variabel. Bei gekaufter Pasta ist die Packungsanleitung ein Anhaltspunkt, bei frischer Pasta ist die Garzeit kürzer, deshalb rechtzeitig eine Kostprobe nehmen.
- Die fertig gegarten Nudeln in ein Plastiksieb schütten und abrinnen lassen. Wird die Pasta nicht gleich verwendet, kurz mit lauwarmem Wasser abschrecken. Als Beilage (ohne Sauce) etwas Margarine oder Olivenöl unter die Nudeln mengen. Niemals Öl in das Kochwasser geben, wenn die Pasta mit Sauce vermengt werden soll, da sie diese sonst nicht so gut aufnehmen kann.
- Selbstgemachte Pasta ohne Füllung, Pasta fresca, kann auf einem großen Holzbrett 1 Tag getrocknet und so für 14 Tage haltbar gemacht werden.

Ciabatta und Panini

(2 große Stücke oder 20 kleine)

Brot (Pane und Panini) wird in Italien eigentlich zu jeder Mahlzeit gereicht – aber auch Tramezzini, Bruschetta, Foccacia, Puddica, Pizza und Grissini sind sehr beliebt.

1 Std. 30 Min.
+ Ruhezeit

- 500 g italienisches Mehl (Type 00)
- 1 Packung Trockenhefe
- 2 TL Salz
- ½ TL Zucker
- 1 EL Olivenöl
- 350 ml lauwarmes Wasser

TIPP: Ciabatta und Panini gelingen auch mit Dinkel- oder handelsüblichem Weizenmehl.

Mehl, Salz, Zucker und Trockenhefe vermischen, Olivenöl und Wasser zugießen und die Zutaten mindestens 10 Minuten mit den Knethaken des Handmixers bearbeiten. Zugedeckt an einem warmen Ort 2 Stunden gehen lassen. Teig nochmals auf einem bemehlten Arbeitsbrett gut mit der Hand durchkneten und wieder 1 Stunde zugedeckt ruhen lassen.

Den Teig zu einem länglichen Wecken formen, auf ein mit Backpapier belegtes Backblech legen, zweimal längs einschneiden und mit ein wenig Mehl bestäuben. Für Panini einfach 12 kleine Brötchen formen. Ciabatta im vorgeheizten Backrohr auf der mittleren Schiebeleiste ca. 35–40 Minuten bei 200 °C backen, Panini ca. 25–30 Minuten.

Für ein Tramezzini-Weißbrot den Teig in eine gefettete und bemehlte Kastenform geben und auf ein Backgitter gestellt 60 Minuten auf der zweiten Schiebeleiste von unten backen. Aus der Form stürzen und auf einem Kuchengitter auskühlen lassen.

Passata di Pomodoro

(1 l-Flasche)

Für die Passata eignen sich Eiertomaten aus Italien am besten. Alternativ sollte man reife, aromatische Freilandtomaten verarbeiten.

40 Min.

- 1,2 kg Eiertomaten

Tomaten waschen, 5 Minuten in leicht kochendes Wasser geben, abtropfen lassen und enthäuten. Über einer Schüssel durch ein Sieb streichen. Fruchtfleisch und Saft in einen Topf geben, kurz aufkochen lassen und 30 Minuten unter gelegentlichem Rühren köcheln lassen. Die Flasche mit heißem Wasser ausspülen und die heiße Sauce mit einem Trichter vorsichtig in die Flasche füllen. Die Flasche sofort verschließen. In den nächsten 1–2 Tagen aufbrauchen.

TIPP: Man kann die Tomatensauce auch nach Belieben mit Salz, Pfeffer, Zwiebel, Knoblauch und Basilikum würzen.

Cipolline in Essig

(1 großes Glas)

Eingelegtes Gemüse wird gern als Antipasti – also vor der Pasta – serviert.

30 Min.

- 250 g Zwiebelchen (Borretana)
- 1 Lorbeerblatt
- ½ TL Senfkörner
- ½ TL Pfefferkörner
- 2 Nelken
- 2 Knoblauchzehen
- ½ TL Salz
- 250 ml Balsamicoessig
- 250 ml Weißweinessig
- 3–4 EL Olivenöl

Zwiebeln waschen, die äußere Haut vorsichtig entfernen und 1 Minute in kochendes, leicht gesalzenes Wasser geben. Abtropfen lassen. 125 ml Weißweinessig und 125 ml Balsamicoessig aufkochen und die Zwiebeln 2 Minuten in den kochenden Essig geben. Dabei sollen sie vom Essig ganz bedeckt werden. Vom Herd nehmen und die Zwiebeln 24 Stunden im Essig ziehen lassen. Danach den restlichen Weißwein- und Balsamicoessig in einem Gefäß erhitzen. Die Zwiebeln abseihen und mit den Gewürzen in ein großes Einweckglas füllen. Den kochenden Essig darüber gießen und abkühlen lassen. Vor dem Verschließen des Glases das Olivenöl darauf verteilen, damit es die Zwiebeln vollkommen bedeckt und so vor Luftkontakt schützt. 2 Monate ruhen lassen.

»**TIPP:** Die besten Zwiebeln zum Einlegen sind solche mit kleinen Zwiebelknollen, wie Borretana, Precoce di Barletta oder Giallognola di Como.

Eingelegte Peperoncini

(1 großes Glas)

Diese kleinen, roten Schoten gibt es sowohl mild als auch äußerst scharf.

30 Min.

- 250 g kleine, rote Paprikas
- 2 EL Kapern
- 500 ml Weißweinessig
- ½ TL Salz
- 3–4 EL Olivenöl

Paprikas waschen, trocknen und 2–3 Tage in die Sonne legen, damit ihnen die Restfeuchtigkeit entzogen wird. Die Schoten in eine Schüssel geben und mit 250 ml kochendem Essig übergießen und salzen. Unter einem Tuch 20 Minuten ziehen lassen. Die Paprikas abgießen und mit den Kapern in das Glas geben. Mit dem ungekochtem restlichen Weißweinessig auffüllen und mit dem Olivenöl abschließen, damit keine Luft zu den Paprikas kommt. 2 Monate lagern.

TIPP: Jede Paprikaart lässt sich gut einlegen. Bei größeren Sorten einfach Kerne und Stiele entfernen und in mundgerechte Stücke schneiden.

Béchamelsauce

Diese Sauce findet ihren Einsatz bei vielen Arten der Pasta al forno – Canelloni und Lasagne werden durch sie beim Überbacken im Ofen besonders saftig.

20 Min.

- 1 l Sojamilch
- 4 gestr. EL Weizenmehl
- 100 g hochwertige Margarine
- 1 TL Salz
- Pfeffer

Margarine in einem hohen Topf schmelzen und mit einem Schneebesen das Mehl einrühren. Bevor das Mehl zu bräunen beginnt, langsam die Sojamilch zugießen, dabei die Sauce ständig mit dem Schneebesen rühren. Salzen und ca. 15 Minuten köcheln lassen, dabei immer wieder gut durchrühren, da sich die Béchamelsauce schnell am Topfboden anlegt. Nochmals abschmecken.

Veganer Parmesan

Auch veganer Parmesan wird gerne zu den unterschiedlichen, italienischen Speisen gereicht und das Grundrezept kann nach Belieben mit verschiedenen Gewürzen variiert werden.

10 Min.

- 1 Teil weiße Mandeln
- 1 Teil Pinienkerne
- 1 Teil Hefeflocken
- Curcuma oder Paprikapulver nach Geschmack

Mandeln und Pinienkerne grob hacken und mit den Hefeflocken und Gewürzen in einen Mörser geben und mit dem Stößel fein zerreiben.

Hefeschmelz

Der ideale vegane Käseersatz zum Überbacken, der bei zahlreichen italienischen Gerichten zum Einsatz kommt.

10 Min.

- 2 EL hochwertige Margarine
- 1 EL Weizenmehl
- 4 EL Hefeflocken
- 150 ml Wasser
- 1 Prise Muskat
- 1 Prise Kurkuma
- 1 Messerspitze Paprikapulver
- Salz, Pfeffer

Margarine schmelzen und das Mehl unterrühren. Etwas Wasser langsam zugießen, durchrühren, Hefeflocken und Gewürze dazugeben und bei ständigem Rühren alles aufkochen lassen. Mit restlichem Wasser auf die gewünschte Konsistenz (wie eine leichte Creme) bringen und nochmals aufkochen lassen. Eventuell noch nachwürzen.

Klare Gemüsebrühe

Pasta in brodo – mit gefüllten Teigtäschchen oder selbst hergestellten, feinen Nudeln wird die Gemüsebrühe zu einer köstlichen Vorspreise.

1 Std.

- 1¼ l Wasser
- 2 große Karotten
- 1 Petersilienwurzel
- 1 Zwiebel mit Schale
- ⅛ Selleriewurzel
- 1 kleine Stange Lauch

Gemüse gründlich waschen, putzen und mit kaltem Wasser in einem Topf zum Kochen bringen. Nach dem Aufkochen ca. 45 Minuten leicht köcheln lassen. Abseihen, salzen und wie gewünscht weiterverarbeiten. Lässt sich auch gut einfrieren.

TIPP: Eignet sich ausgezeichnet zum Aufgießen für Risottos. Es ist natürlich nicht zwingend notwendig, selbst die Brühe zuzubereiten, die Rezepte funktionieren auch mit einer Suppe aus Gemüsebrühwürfel.

Vorspeisen

Tomaten-Couscous-Tiramisu

Couscous wird meist aus Hartweizengrieß hergestellt und steht daher der italienischen Küche mit ihren Teigwaren aus Hartweizengrieß näher als man glauben mag.

1 Std. ●
+ Kühlzeit

COUSCOUS:

- 220 ml Gemüsebrühe (Rezept S. 15)
- 125 g Couscous
- ½ kleine Zwiebel
- 2 Knoblauchzehen
- 1 TL Limettensaft
- 1 EL Olivenöl
- Salz, Pfeffer

KNOBLAUCHCREME:

- 100 g Weißbrot
- 120 ml Reismilch
- 2 Knoblauchzehen
- 120 ml Sonnenblumenöl
- Salz, Pfeffer

- 12 Cocktailtomaten
- 1 Packung Kresse
- 300 g Honigmelone
- 2 EL Pinienkerne

- 4 Servierringe (Durchmesser 7 cm)

Für den Couscous Gemüsebrühe zubereiten, Zwiebel und Knoblauch schälen und fein hacken. Olivenöl in einem Topf erhitzen, Zwiebel und Knoblauch darin anbraten. Mit Suppe aufgießen, aufkochen und Couscous einrühren. Bei schwacher Hitze quellen lassen, mit Salz, Pfeffer und Limettensaft abschmecken.

Für die Knoblauchcreme Weißbrot grob zerteilen und in die Reismilch legen, Knoblauchzehen schälen und mit dem ausgedrückten Brot pürieren. Mit einem TL das Öl zugießen, dabei immer pürieren. Die Creme mit Salz und Pfeffer abschmecken. Tomaten kreuzweise einschneiden, kurz in kochendes Wasser legen und häuten. Tomaten würfeln und die Hälfte davon unter die Creme ziehen.

Melone schälen, von Kernen befreien und in dünne Scheiben schneiden. Pinienkerne in einer beschichteten Pfanne rösten und mit dem Couscous vermengen.

4 Servierringe (Durchmesser 7 cm) mit kaltem Wasser ausspülen und auf vier Teller setzen. Couscous 1½ cm hoch einfüllen, mit Löffel festdrücken, Creme darüber geben, Melonenscheiben und Kresse darauf verteilen, Couscous einschichten und mit Creme abschließen. Mit restlichen Tomaten würfeln und Kresse garnieren. Teller ca. 2 Stunden kalt stellen und vor dem Servieren die Ringe vorsichtig entfernen.

Rucolapüree

mit Paprika-Orangentartar und Rosmaringrissini

Grissini kommen ursprünglich aus dem Piemont und werden heutzutage gerne zu italienischem Essen gereicht.

35 Min.

RUCOLAPÜREE:

- 100 g Rucola
- 600 g mehlige Kartoffeln
- 50 ml Olivenöl

PAPRIKA-ORANGENTARTAR:

- 2 orange Paprikas
- 4 mittlere Karotten
- 2 Orangen
- 1 EL Zitronensaft
- 2 EL Olivenöl
- Salz, Pfeffer
- etwas Rucola zum Garnieren

GRISSINI (ca. 40 Stück): 1 Std. 30 Min.

- 250 g italienisches Weizenmehl (Type 00)
- ½ TL Salz
- ½ TL Zucker
- 1 Packung Trockenhefe
- 2 EL Olivenöl
- 150 ml lauwarmes Wasser
- 1 TL getrockneter Rosmarin

Für die Grissini Mehl, Hefe, Salz, Zucker und Rosmarin mischen und mit Mehl, Öl und Wasser verkneten. Teig mit Knethaken des Handrührgeräts ca. 10 Minuten rühren und zugedeckt in einer Schüssel 1 Stunde an einem warmen Ort gehen lassen. Teig auf einer bemehlten Arbeitsfläche 2 cm dick ausrollen, in 10 cm lange Streifen schneiden und diese zu 25 cm langen Rollen formen. Grissini vorsichtig auf ein mit Backpapier ausgelegtes Backblech legen und nochmals 10 Minuten zugedeckt gehen lassen. Im vorgeheizten Backofen auf der oberen Schiene bei 220 °C ca. 10 Minuten goldgelb backen.

Orangen schälen und in feine Würfel schneiden, Karotten und Paprikas waschen, putzen und fein würfeln. Alles mit Zitronensaft und Olivenöl vermengen und mit Salz und Pfeffer würzig abschmecken.

Kartoffeln in gesalzenem Wasser weich kochen, schälen und durch die Kartoffelpresse drücken. Rucola waschen, von den groben Stielen befreien und fein schneiden. In einem hohen Gefäß Rucola und Olivenöl mit einem Stabmixer pürieren. 2 TL Rucolapesto für die Garnierung zur Seite geben und den Rest unter das warme Kartoffelpüree rühren. Auf Tellern anrichten und mit etwas Rucola und Grissini garnieren.

Pilzcarpaccio

Das Carpaccio ist eine typisch italienische Vorspeise, bei der die Zutaten dünn geschnitten, mariniert und gekühlt serviert werden.

20 Min.
+ Kühlzeit

- 16 braune oder weiße Champignons
- 4 getrocknete Tomaten in Öl
- 8 EL Olivenöl
- 4 Bio-Zitronen
- 1 Bund Zitronenmelisse
- Salz, Pfeffer

Champignons säubern und in dünne Scheiben schneiden. Für die Marinade 2 Zitronen auspressen, das Fruchtfleisch einer Zitrone fein würfelig schneiden und mit Olivenöl, Salz und Pfeffer vermischen. Die Champignons darin marinieren und für 1 Stunde in den Kühlschrank stellen.

Aus der restlichen Zitrone schmale Scheiben schneiden, diese halbieren und die Schale mit einem scharfen Messer so weit loslösen, dass sie an einem Ende noch daran hängen bleibt.
Für die Deko Melissenblätter zur Seite stellen, den Rest in feine Streifen schneiden. Tomaten abtropfen lassen und ebenso fein schneiden. Pilze auf den Tellern verteilen, mit Tomaten- und Melissenstreifen bestreuen und mit den Melissenblättern und den Zitronenscheiben garnieren.

Strudelteig-Schüsselchen

mit mariniertem Gemüse

1 Std.

STRUDELTEIG:

- 200 g Weizen- oder Dinkelmehl
- 120 ml lauwarmes Wasser
- 1 EL Öl
- ½ TL Salz
- Mehl zum Ausrollen
- Öl zum Bestreichen der Förmchen

GEMÜSESTICKS:

- 1 Kohlrabi
- ½ Fenchel
- 1 Birne
- 1 Apfel
- 2 Karotten
- 2 Stangensellerie
- 1 Zitrone
- 5 EL Olivenöl
- 1 TL Ahornsirup
- 1 TL Estragonsenf
- 5 Blätter Salbei
- Salz

» **TIPP:** Die Strudelteigschüsselchen kann man sehr gut vorbereiten. Sie eigenen sich nicht nur für pikante Vorspeisen, sondern auch für köstliche, süße Desserts – gefüllt mit einer luftig-leichten Joghurtcreme (Rezept Orangengnocchi, S. 106) und marinierten, gemischten Beeren.

Mehl auf ein Backbrett sieben, Salz dazugeben, in die Mitte eine Mulde drücken und langsam das Öl mit dem Wasser hineingießen. Rasch zu einem Teig verkneten. Ca. 10 Minuten den Teig mit den Handballen bearbeiten, anschließend die Teigkugel 10 Mal auf das Backbrett schlagen. Einen kleinen Topf kurz erwärmen und über die Teigkugel stülpen. 15 Minuten den Teig darunter rasten lasten. Das Backbrett mit Mehl bestäuben, ebenso das Nudelholz. Den Teig sehr dünn ausrollen.

Ofenfeste Förmchen mit der Öffnung nach unten auf ein mit Backpapier ausgelegtes Backblech setzen und außen mit Öl bestreichen. Ein Quadrat in passender Größe aus dem Teig schneiden und über das Förmchen legen. Den Teig rundum etwas in Form ziehen. Im vorgeheizten Backrohr bei 200 °C auf der mittleren Schiebeleiste ca. 15 Minuten goldbraun backen. Auskühlen lassen und vorsichtig von der Form lösen.

Für die Gemüsesticks die Marinade vorbereiten. Zitrone auspressen, Öl, Ahornsirup und Senf verrühren, Salbeiblätter dazugeben und mit Salz abschmecken. Das Gemüse und Obst waschen, putzen und in feine Sticks schneiden. Mindestens für 30 Minuten in die Marinade legen. Anschließend abtropfen lassen und in die Schüsselchen füllen.

Arancini

mit Joghurt-Kräutersauce

Die gefüllten und frittierten Reisbällchen sind beliebter Bestandteil der traditionell sizilianischen Küche.

40 Min.

- 300 g Risottoreis
- 3 Schalotten
- 3 Knoblauchzehen
- 700 ml Gemüsebrühe (Rezept S. 15)
- 2 EL Olivenöl
- 150 ml Weißwein
- 3 Handvoll Rucola
- 3 Handvoll Spinat
- Salz, Pfeffer
- 3 EL veganer Parmesan (Rezept S. 13)
- 1 EL hochwertige Margarine
- 1 Avocado

PANIER:

- 10 EL Mehl
- 3 EL Kichererbsenmehl
- 6 EL Maisstärke
- 1 TL Salz
- 180 ml Wasser
- 10 EL Paniermehl
- 500 ml Rapsöl zum Frittieren

JOGHURT-KRÄUTER-SAUCE:

- 500 g Sojajoghurt
- 1 Handvoll gemischte Kräuter
- Salz, Pfeffer

Gemüsesuppe nach Rezept vorbereiten. Für die Sauce eine Handvoll gemischte Kräuter waschen, trocken schütteln, fein hacken und mit dem Joghurt verrühren. Mit Salz und Pfeffer würzen und bis zum Gebrauch kühl stellen.

Für die Arancini Schalotten und Knoblauch schälen und fein hacken. In Olivenöl goldgelb anbraten und den Reis dazugeben. Rühren, bis er glasig wird und mit Wein aufgießen. Den Wein einkochen lassen und die Hitze reduzieren. Einen Schöpfer warme Suppe dazugießen, umrühren, warten, bis die Suppe eingekocht ist und so weiter verfahren. Der Reis sollte bissfest sein, wenn die Suppe aufgebraucht ist (ca. 20–25 Minuten). Die Menge der Flüssigkeit kann ergänzt oder verringert werden.

umblättern ⟶

Honig-melonen-Bruschetta

8 Stück

Diese kleinen, gerösteten und belegten Brotscheiben galten früher als Mahlzeit der ärmeren Bevölkerungsschicht. Mittlerweile haben sie als beliebte Antipasti ihren Platz in der italienischen Küche gefunden.

30 Min. ◑

- 1 kleines Weißbrot (Rezept S. 8)
- ½ Zucker- oder Honigmelone
- 2 Nektarinen
- 1 Fenchel
- 150 g Oliven ohne Kern
- 2 EL gehackter Basilikum
- 3 TL Zitronensaft
- 7 TL Olivenöl
- Salz, Pfeffer

Melone von der Schale befreien, mit einem Teelöffel die Kerne entfernen und klein würfelig schneiden. Nektarinen waschen, entkernen und gemeinsam mit dem gesäuberten Fenchel und den Oliven ebenso fein würfelig schneiden. Alles in eine Schüssel geben und mit den übrigen Zutaten gut vermengen, mit Salz und Pfeffer abschmecken und durchziehen lassen.

In der Zwischenzeit 8 Scheiben Brot toasten. Die Gemüse-Frucht-Masse auf den noch warmen Brotscheiben verteilen und sofort servieren.

Bohnensuppe

In Italien wird häufig Bohnensuppe gekocht, die Zutaten variieren von Region zu Region. Etwas bleibt jedoch immer gleich: Die Bohnen werden über Nacht eingeweicht, bevor sie gekocht werden.

2 Std. 30 Min.

- 250 g weiße, getrocknete Bohnen (über Nacht einweichen)
- 2 EL Olivenöl
- 1 Zwiebel
- 3 Knoblauchzehen
- 1 Karotte
- 70 g Knollensellerie
- 70 g Lauch
- 1 TL getrockneter Rosmarin
- ½ TL getrocknetes Bohnenkraut
- 1 l Wasser
- Salz, Pfeffer

- 4 Scheiben Roggenbrot

Bohnen am Vortag in Wasser einweichen. Zwiebel und Knoblauch schälen und hacken. Knollensellerie und Karotte schälen und würfelig schneiden. Lauch waschen und in Ringe schneiden.

Olivenöl in einem Topf erhitzen, Zwiebel, Knoblauch, Karotte, Sellerie und Lauch darin anbraten und mit Wasser aufgießen. Die abgetropften Bohnen mit Rosmarin und Bohnenkraut dazugeben und alles zugedeckt ca. 2 Stunden bei niedriger Hitze köcheln lassen. Mit einer Schaumkelle ca. die Hälfte der Bohnen in ein hohes Gefäß geben, mit dem Stabmixer pürieren und wieder zurück in die Suppe geben. Mit Salz und Pfeffer würzig abschmecken.

Roggenbrot vor dem Servieren tosten und mit der Suppe servieren.

Minestrone

Jede klassische Minestrone enthält in Italien neben Gemüse auch Nudeln oder Reis.

1 Std. 30 Min.

- 100 g weiße, getrocknete Bohnen (über Nacht einweichen)
- 4 EL Olivenöl
- 2 Knoblauchzehen
- 1 kleine, rote Zwiebel
- 1 Stangensellerie
- 1 Karotte
- 1 Stück Lauch (ca. 10 cm)
- ¼ Frühkraut (oder Weißkohl)
- 6 grüne Stangenbohnen
- 1 kleine Zucchini
- 100 g Kohlsprossen
- 120 g Tomaten
- 1 kleine Kartoffel
- 2 Rosmarinzweige
- 1 Lorbeerblatt
- ½ Bund Basilikum
- Salz, Pfeffer
- 100 g Reis
- 1 l Wasser

- 4 große Scheiben getoastetes Roggenbrot

Bohnen am Vorabend in ca. 500 ml lauwarmem Wasser einweichen. Am nächsten Tag abgießen, in 1 l leicht gesalzenem Wasser aufkochen lassen und auf kleiner Hitze weich garen. Bohnen abgießen und das Wasser auffangen. Die Hälfte der Bohnen pürieren.

Knoblauch und Zwiebel schälen, Knoblauch hacken, Zwiebel in feine Ringe schneiden. Sellerie, Karotte, Lauch und Zucchini waschen. Sellerie und Lauch in Ringe, Karotte in Scheiben und Zucchini würfelig schneiden. Frühkraut waschen, die harten Teile entfernen und in ca. 3 cm breite Streifen schneiden. Stangenbohnen waschen und in 1 cm große Stücke schneiden. Die Kohlsprossen nach dem Waschen von den äußeren Blättern befreien.

Olivenöl in einem tiefen Kochtopf erhitzen, Zwiebel und Knoblauch darin anbraten. Sellerie, Karotten, Lauch, Stangenbohnen und Rosmarin dazugeben und kurz mitdünsten lassen. Tomaten kurz in heißes Wasser legen, die Haut abziehen und zum angebratenen Gemüse geben. Die pürierten Bohnen samt aufgefangenem Kochwasser beimengen. Lorbeerblatt, Kohlsprossen und Krautstreifen dazugeben, eventuell mit etwas heißem Wasser aufgießen und 20 Minuten leicht köcheln lassen.
In der Zwischenzeit den Reis kochen und beiseite stellen. Zucchini und gekochte Bohnen in die Suppe geben und die rohe Kartoffel hinein reiben. Nochmals alles 10 Minuten köcheln lassen. Mit Salz, Pfeffer und Basilikum würzen und den Reis in die Suppe geben. Mit getoastetem Schwarzbrot servieren.

» **TIPP:** Es wird ca. 450 g Gemüse für die Minestrone verwendet, welches jahreszeitlich bedingt ausgetauscht werden kann. Dabei ist auf die Garzeit der jeweiligen Gemüsesorten zu achten, dass sie am Ende die gewünschte Konsistenz haben (alles sollte bissfest sein). Gemüsesorten die unter der Erde wachsen, benötigen mehr Zeit als Gemüse, die oberhalb der Erde wachsen. Kohlsprossen kann man aus dem Gefrierschrank nehmen und ca. 10 Minuten vor dem Kochende in die Suppe geben.

Apfel-Fenchelsuppe

Der Fenchel stammt aus dem Mittelmeerraum. Er ist vielseitig einsetzbar: die Knolle – gedünstet, gekocht oder gebraten, der Samen und das Fenchelkraut als Gewürze.

30 Min.

- 1 großer, säuerlicher Apfel
- 1 großer Fenchel
- 3 Frühlingszwiebeln
- 2 EL Öl
- 700 ml Gemüsebrühe (Rezept S. 15)
- 100 ml Weißwein
- 100 ml Reissahne
- Salz, Pfeffer

APFELCHIPS: 4 Std.

- 2 kleinere Äpfel

Gemüsebrühe zubereiten. Apfel, Fenchel, Frühlingszwiebeln waschen. Apfel vom Kerngehäuse befreien und grob hacken. Fenchel putzen, dabei das zarte Grün entfernen, den Stiel in feine Ringe schneiden und diese mit dem Grün beiseite legen. Fenchel und Frühlingszwiebeln ebenso in Stücke schneiden.

In einem tiefen Topf Öl erhitzen und die Zutaten darin andünsten. Mit Gemüsebrühe aufgießen, die Suppe zugedeckt bei mittlerer Hitze 20 Minuten köcheln lassen und anschließend mit dem Stabmixer pürieren. Mit Weißwein aufgießen, mit Salz und Pfeffer abschmecken und kurz vor dem Servieren die Reissahne einrühren. Mit einem Pürierstab die Suppe aufschäumen und mit dem Fenchelgrün, den Fenchelringen und Apfelchips garnieren.

Für die Apfelchips die Äpfel entkernen und in 4–5 mm breite Ringe schneiden. Auf ein mit Backpapier ausgelegtes Backblech legen und bei 50 °C ca. 4 Stunden dörren lassen. Backrohrtüre dabei einen Spalt offen lassen (Holzkochlöffel dazwischen klemmen).

Pilzrahmsuppe

Porcini (Steinpilze) und Finferli (Pfifferlinge) werden in vielen italienischen Rezepten verwendet.

30 Min.

- 800 ml Gemüsebrühe (Rezept S. 15)
- 150 g Pfifferlinge (ersatzweise weiße Champignons, Steinpilze)
- 150 g braune Champignons
- 1 Zwiebel
- 1 Kartoffel (ca. 80 g)
- 1 Karotte
- 1 Knoblauchzehe
- 2 EL Olivenöl
- 1 TL Kümmel
- 1 Prise Muskat
- 4 Thymianzweige
- 100 ml Hafersahne
- Salz, Pfeffer
- einige kleine Pilze zum Garnieren (+ 1 EL Öl)

Gemüsebrühe nach Rezept zubereiten und beiseite stellen. Pilze waschen, putzen und in Scheiben schneiden. Zwiebel und Knoblauch schälen und hacken. Karotte waschen und in Scheiben schneiden, Kartoffel nur schälen und ganz lassen

Olivenöl in einem tiefen Topf erhitzen, Zwiebel und Knoblauch darin anbraten, dann die Karotte und die Pilze dazugeben. Alles ca. 10 Minuten unter Rühren anbräunen, dann mit der Gemüsebrühe aufgießen und die Kartoffel dazugeben. Mit Kümmel und Muskat würzen. Die Suppe bei niedriger Hitze ca. 20 Minuten köcheln lassen. Die Kartoffel herausnehmen, pürieren und wieder zurück in die Suppe geben. Suppe mit Salz und Pfeffer abschmecken und die Hafersahne unterrühren. Vor dem Servieren die Suppe mit einem Stabmixer aufschäumen, auf 4 Schüsseln verteilen und mit den zuvor kurz angebratenen Pilzen und dem Thymianzweig anrichten.

Hauptspeisen

Frittierter Radicchio und Chicoree
mit pikantem Dip

Radicchio stammt aus der Gegend von Trevigniano und wird wegen seines leicht bitteren Geschmacks wertgeschätzt.

40 Min.

- 2 feste, kleine Radicchio
- 2 Chicoree
- 4 EL Mehl
- 2 EL Kichererbsenmehl
- 4 EL Maisstärke
- 250 g Paniermehl
- 1 TL Salz
- 250 ml Wasser
- Öl zum Frittieren

DIP:

- 60 g Weißbrot ohne Rinde
- 60 ml Weißweinessig
- 30 ml Maiskeimöl
- 30 ml Olivenöl (Erdnussöl)
- 2 süßsaure, fein gehackte Essiggurken
- ½ fein gehackter Apfel
- 1 EL Schnittlauchringe
- 1 TL Senf
- Salz, Pfeffer
- event. etwas Hafersahne
- 4 Radiccioblätter

Für den Dip Weißbrot zerkrümeln, in Essig einweichen, ausdrücken, mit Stabmixer pürieren, die Öle löffelweise einfließen lassen. So lange pürieren, bis die Masse cremig ist, dann die übrigen Zutaten unterrühren und mit Salz und Pfeffer abschmecken. Eventuell etwas Hafersahne nach Geschmack dazugeben. Kalt stellen.

Für die Panier 3 Teller vorbereiten (einen mit Mehl, einen mit Kichererbsenmehl, Maisstärke, Wasser und Salz verrührt und den dritten mit Paniermehl). Die Salate im Ganzen waschen, vorsichtig ausdrücken und der Länge nach halbieren. Jede Hälfte nacheinander in allen 3 Tellern rundum wälzen.

Frittieröl in einer Pfanne erhitzen und die Salate darin knusprig braun frittieren. Auf einem Küchenkrepp abtropfen lassen und mit dem Dip auf den Tellern anrichten.

TIPP: Olivenöl macht den Dip etwas bitter. Wer das nicht so mag, sollte lieber Erdnussöl verwenden!

Peperonata
mit Olivenbrot

Ein traditionelles Schmorgericht, zu dem selbst gemachtes Brot sehr gut passt. Die Peperonata schmeckt sowohl kalt als auch warm.

30 Min. ◑

PEPERONATA:

- 4 gelbe Paprikas
- 4 rote Paprikas
- 1 Chilischote ohne Kerne
- 2 rote Zwiebeln
- 4 Knoblauchzehen
- 3 EL Kapern
- 5 EL grüne Oliven ohne Kern
- 5 EL Olivenöl
- 5 EL Pinienkerne
- 6 EL Weißweinessig
- 4 EL gehackte Petersilie

OLIVENBROT (30 Min. ◑ + Ruhezeit):

- 300 g Weizenmehl
- 200 g Hartweizenmehl
- 1 Packung Trockenhefe
- 1½ TL Salz
- 1 Prise Zucker
- 4 EL Olivenöl
- 80 g schwarze Oliven ohne Kern
- 2 TL gehackter Rosmarin
- 350 ml lauwarmes Wasser

Für das Olivenbrot die Mehle mit der Trockenhefe, Salz und Zucker in eine Schüssel sieben. Wasser mit Olivenöl dazugießen und alles zu einem Teig verkneten. Oliven hacken und mit dem Rosmarin gut in den Teig kneten. Zugedeckt an einem warmen Ort 1 Stunde rasten lassen. Den Teig auf einer bemehlten Arbeitsfläche nochmals gut durchkneten, einen flachen Laib formen und zugedeckt 30 Minuten gehen lassen. Das Brot auf ein mit Backpapier ausgelegtes Backblech geben, mehrmals an der Oberfläche mit einer Gabel einstechen, mit Wasser bestreichen und im vorgeheizten Backrohr ca. 20 Minuten bei 210 °C backen.
Paprikas waschen, putzen, entkernen und in größere Stücke schneiden. Zwiebeln und Knoblauch schälen und in Ringe bzw. Scheiben schneiden. Kapern und Oliven abtropfen lassen, Oliven grob zerkleinern. Entkernte Chilischote fein hacken.
Olivenöl erhitzen, Zwiebeln und Knoblauch darin goldgelb anbraten, Paprikas und Chili dazugeben, anbraten und zugedeckt ca. 10 Minuten bei milder Hitze garen lassen. Immer wieder umrühren, damit sie sich nicht am Boden anlegen. Die Paprikas mit Essig beträufeln, Oliven, Kapern und Pinienkerne dazugeben und ohne Deckel ca. weitere 10 Minuten garen, bis die Paprikas zart sind. Immer wieder umrühren, mit Salz und Pfeffer würzen, zum Anrichten mit Petersilie garnieren.

→ Fortsetzung: Arancini mit Joghurt-Kräutersauce

In der Zwischenzeit Rucola und Spinat waschen und in ein Sieb geben. In einem tiefen Topf 1 l leicht gesalzenes Wasser aufkochen lassen, Spinat und Rucola hineingeben und ca. 1 Minute blanchieren.
Das Gemüse in ein Sieb schütten und mit kaltem Wasser gründlich abschrecken. Spinat und Rucola mit der Hand ausdrücken und fein schneiden. 5 Minute vor Ende der Garzeit des Risottos, Rucola und Spinat zum Reis geben und mit Salz und Pfeffer würzen. Parmesan und Margarine unterrühren. Den Risotto auf einem Teller verteilen und zum Auskühlen in den Kühlschrank stellen. Avocado mit einem Messer halbieren, entsteinen und schälen. Das Fruchtfleisch in 1 cm große Würfel schneiden. Aus der Risottomasse mit nassen Händen 12 Kugeln formen, dabei die Avocadostücke in die Mitte jeder Kugel drücken.

Einen Teller mit Mehl, einen Teller mit Kichererbsenmehl, Maisstärke, Salz und Wasser verquirlt und einen Teller mit Paniermehl vorbereiten. Die Arancini nacheinander in dieser Reihenfolge in den Tellern rundum wälzen.

Rapsöl in einer Pfanne erhitzen und die Arancini in mehreren Portionen unter gelegentlichem Wenden im Öl 3–4 Minuten frittieren, bis sie goldbraun sind. Auf Küchenkrepp abtropfen lassen und mit der Joghurt-Kräuter-Sauce sofort servieren.

Zucchini-Röllchen

mit Quinoa und gegrilltem Tofu in Tomatensauce

Der Name Zucchini wird vom italienischen Zucca hergeleitet und bedeutet kleiner Kürbis.

70 Min.

TOFU:

- 600 g Tofu
- 7 EL Olivenöl
- 3 Knoblauchzehen
- 5 EL Weißweinessig
- 5 Zweige Majoran (oder 2 TL getrockneter Majoran)
- Salz, Pfeffer
- 16 schwarze Oliven
- 5 EL Olivenöl zum Grillen

ZUCCHINI-RÖLLCHEN:

- 150 g Quinoa
- 380 ml Wasser
- 1 TL Salz
- 4 EL Pinienkerne
- 4 EL Pistazienkerne
- 1 Bund Petersilie
- 4 Frühlingszwiebeln
- 4 Knoblauchzehen
- 3 EL Brösel
- 1 EL Maisstärke
- Pfeffer
- 3 mittelgroße Zucchini
- 2 EL Olivenöl
- Salz, Pfeffer
- Zahnstocher

TOMATENSAUCE:

- 800 g Polpa (Tomatenfruchtfleisch in der Dose)
- 2 EL Öl
- 2 EL Tomatenmark
- 1 TL Agavensirup
- 4 Knoblauchzehen
- 2 TL Maisstärke
- Salz, Pfeffer

Tofu abspülen und im Küchenkrepp ausdrücken. Jedes Stück vierteln. Für die Marinade Olivenöl, Essig, Majoran, Salz, Pfeffer und geschälten, gepressten Knoblauch gut verrühren. Tofu für mindestens 1 Stunde in die Marinade legen.

umblättern →

→ Fortsetzung: Zucchini-Röllchen mit Quinoa und gegrilltem Tofu in Tomatensauce

Für die Füllung der Zucchini-Röllchen Quinoa mit Wasser und Salz in einem Topf zum Kochen bringen. Hitze reduzieren und ca. 15 Minuten quellen lassen, bis alles Wasser absorbiert ist.
In einer beschichteten Bratpfanne die Pinienkerne ohne Öl leicht anbräunen. Petersilie und Frühlingszwiebeln waschen und fein schneiden, Pistazien und Pinienkerne grob hacken. Knoblauchzehen schälen und fein hacken. Alles mit Quinoa vermengen und Brösel und Maisstärke unter die Füllung mischen.

Zucchini waschen, trocken tupfen und mit einem scharfen Messer der Länge nach in dünne Streifen schneiden. Olivenöl in einer Bratpfanne erhitzen. Die Zucchini portionsweise darin beidseitig anbraten und auf Küchenkrepp legen.

Für die Tomatensauce Öl in einer Pfanne erhitzen, den geschälten und gehackten Knoblauch darin anbraten, Polpa dazugeben und bei reduzierter Hitze etwas einkochen lassen. Immer wieder umrühren und Tomatenmark dazugeben. Maisstärke mit 100 ml Wasser anrühren und zur Tomatensauce geben. Kräftig durchrühren und mit Salz, Pfeffer und Agavensirup abschmecken.

Backrohr auf 200 °C vorheizen und Backrost auf der mittleren Schiebeleiste positionieren. Zucchinischeiben mit Quinoamischung füllen, aufrollen und mit einem Zahnstocher fixieren. Tomatensauce in eine Auflaufform gießen (falls zu dick, etwas Wasser dazugeben) und die Zucchiniröllchen vorsichtig einschlichten. Ins Backrohr schieben und ca. 10 Minuten bräunen.

In der Zwischenzeit Tofuwürfel aus der Marinade nehmen und mit einem Küchenkrepp etwas abtupfen. Olivenöl in einer Grillpfanne erhitzen und die Tofuwürfel unter Wenden goldbraun grillen. Oliven am Schluss dazugeben.

Spargelrisotto

Die Spanier brachten vor ca. 500 Jahren den Reis nach Italien. Unzählige Risotto-Variationen beweisen, dass der Reis nicht mehr aus der italienischen Küche wegzudenken ist. Er wird auch gern mit Gemüse als Salat angerichtet.

40 Min.

- 300 g Risottoreis
- 800 g grüner Spargel
- 2 EL hochwertige Margarine
- 1 Prise Zucker
- 2 TL Salz
- 1 EL Zitronensaft
- 4 Frühlingszwiebeln
- 2 Knoblauchzehen
- 150 ml Weißwein
- 2 EL kalte, hochwertige Margarine
- 2 EL veganer Parmesan (Rezept S. 13)

SPARGELSPÄNE:

- 4 Stangen Spargel
- Marinade:
- 50 ml Zitronensaft
- 6 EL Olivenöl
- 1 TL Agavensirup
- Salz, Pfeffer

Spargel waschen, schälen, harte Enden entfernen. In einen Kochtopf 1 l Wasser, 2 TL Salz, 1 Prise Zucker und 1 EL Zitronensaft hineingeben und mit den Schalen des Spargels aufkochen. Nach 5 Minuten Hitze reduzieren und die halbierten Spargelstangen darin 5 Minuten garen. Spargel mit einem Schöpflöffel herausnehmen, in eiskaltes Wasser tauchen und auf ein Schneidebrett legen. Das Spargelwasser durch ein Sieb in einen Behälter gießen, Spargelwasser eventuell nachsalzen.

Für die Spargelspäne Spargel waschen, schälen, von den harten Enden befreien und die Spitzen (2 cm) abschneiden. Mit einem Sparschäler dünne, lange Streifen abziehen. Zusammen mit den Spitzen in die zusammengerührte Marinade legen.

Knoblauch schälen, Frühlingszwiebeln waschen und putzen und beides in feine Scheiben schneiden. Margarine in einer Bratpfanne erhitzen, Knoblauch und Zwiebeln darin anbraten und den Reis dazugeben. Wenn der Reis glasig ist, mit Weißwein ablöschen. Hitze verringern, Wein etwas einköcheln lassen, umrühren und langsam das Spargelwasser in kleinen Portionen zugießen (immer warten, bis die Flüssigkeit vom Reis aufgenommen wurde). Spargelstangen in ca. ½ cm breite Stücke schneiden und nach ca. 20 Minuten unter den Reis mengen. Veganen Parmesan und 2 EL kalte Margarine unter das cremige Risotto mengen.

Auf Tellern anrichten, mit marinierten Spargelspänen und einer Spargelspitze dekorieren. Frisch gemahlenen Pfeffer darüber geben.

Auberginen-Tomatenrisotto

Für einen wirklich guten Risotto sollte man speziellen Risottoreis verwenden. Der handelsübliche Rundkornreis ist poliert und somit ungeeignet. Beste Ergebnisse erhält man mit den Sorten Arborio oder Carnaroli. Arborio kommt aus Norditalien, die Reiskörner sind oval und kleben recht stark, der Risotto wird eher kompakt. Carnaroli gilt als der beste italienische Reis, er ist großkörnig und der Risotto wird wunderbar sämig.

40 Min.

- 400 g Risottoreis
- 2 Schalotten
- 4 Knoblauchzehen
- 30 g getrocknete Tomaten in Öl + 5 EL Tomatenöl
- 10 Oliven ohne Kern
- 350 g reife Tomaten
- 1 Aubergine
- 250 ml Weißwein
- 1 l Gemüsebrühe (Rezept S. 15)
- 4 EL Olivenöl
- 1 Handvoll gemischte Kräuter (Oregano, Basilikum und Rosmarin)
- Pfeffer, Salz
- 2 Tomatenrispen
- 1 EL Öl
- Veganer Parmesan (Rezept S. 13) nach Belieben

Gemüsebrühe überstellen. Schalotten und Knoblauch schälen und fein hacken. Tomaten waschen, an der Oberfläche kreuzweise einschneiden, in eine Schüssel geben und mit kochendem Wasser übergießen. Nach 3 Minuten Wasser abgießen, Tomaten mit kaltem Wasser abschrecken und mit einem Messer die Haut abziehen. Tomaten vierteln und die Kerne entfernen. Aubergine waschen und in grobe Würfel schneiden.

Von den getrockneten Tomaten 5 EL Öl herausnehmen, in einer Bratpfanne erhitzen und Schalotten und Knoblauch darin anbraten. Getrocknete Tomaten und Oliven fein schneiden und dazugeben. Kurz mitbraten lassen, Hitze verringern, dann den Reis einrühren. Glasig andünsten und mit Wein ablöschen. Etwas einkochen lassen, dann die Suppe schöpferweise dazugeben, dabei immer warten, bis der Reis die Suppe aufgenommen hat. Immer wieder durchrühren. Nach ca. 10 Minuten die Tomatenstücke dazugeben und die restliche Suppe durch Zugießen so lange verbrauchen, bis der Reis bissfest ist.

Backrohr auf 200 °C vorheizen und ein Backblech mit Backpapier belegen. 2 schöne Tomatenrispen auf das Blech geben, mit Öl beträufeln und auf mittlerer Schiebeleiste ca. 8–10 Minuten braten.

In der Zwischenzeit in einem Topf 1 EL Olivenöl erhitzen und die Auberginenwürfel darin kräftig anbraten und auf die Seite stellen. 5 Minuten vor Ende der Risottogarzeit die Aubergine vorsichtig mit den gehackten Kräutern unter den Risotto mischen. Mit Salz und Pfeffer abschmecken, Tomatenrispen darauf legen und mit Parmesan servieren.

Pilzrisotto

Für einen perfekten Risotto hat sich die Methode aus der Lombardei bewährt: Heiße Flüssigkeit wird langsam zum Reis gegeben und dabei stetig gerührt. Der Risotto ist fertig, wenn er eine cremige Konsistenz hat und trotzdem bissfest ist. Immer sofort servieren.

40 Min.

- 400 g Risottoreis
- 20 g getrocknete Steinpilze
- 1 rote Zwiebel
- 3 Knoblauchzehen
- 3 EL Olivenöl
- 250 ml Weißwein
- 700 ml Gemüsebrühe (Rezept S. 15)
- 1 EL getrockneter Thymian
- 4 große, braune Champignons
- 2 EL Olivenöl
- 1 Bund Petersilie + Blätter zum Dekorieren
- Salz, Pfeffer
- 2 EL veganer Parmesan (Rezept S. 13)
- 2 EL hochwertige Margarine

Steinpilze mit 200 ml kochendem Wasser übergießen und 10 Minuten quellen lassen. Zwiebel und Knoblauch schälen und fein würfeln.

Öl in einer Bratpfanne erhitzen, Zwiebel und Knoblauch darin anbraten und den Reis dazugeben. Wenn der Reis glasig ist, mit Wein ablöschen, einkochen lassen, Hitze reduzieren und nach und nach die Brühe eingießen. Einen Kaffeefilter in ein Sieb stellen, über einen Behälter halten und die Steinpilze und den Sud hinein gießen. Die Steinpilze zum Risotto mengen und den Sud gemeinsam mit der Gemüsebrühe schöpferweise zugießen. Dabei immer warten, bis der Reis die Flüssigkeit aufgenommen hat. Stetig rühren, wenn der Risotto feucht und cremig ist und der Reis bissfest, ist er fertig (ca. 20 Minuten).

In der Zwischenzeit Champignons mit einem Tuch abreiben, putzen und der Länge nach vierteln. 2 EL Olivenöl in einer kleinen Bratpfanne erhitzen und die Pilze darin kurz anbraten, salzen und pfeffern.

Unter den fertigen Risotto Parmesan, gehackte Petersilie und Margarine ziehen. Auf Tellern anrichten und mit Petersilienblättern, gegrillten Champignons und etwas frisch gemahlenem Pfeffer garnieren.

TIPP: Die Flüssigkeit, die dem Risotto beim Kochen zugegeben wird, sollte immer heiß sein, damit der Kochvorgang nicht unterbrochen wird. Risotto niemals zudecken, da durch das langsame Kochen im offenen Topf viel Flüssigkeit verdampfen kann.

Mandelrisotto

mit karamellisierten Trauben

1 Std.

MANDELRISOTTO:

- 280 g Rundkornreis
- 500 ml Reismilch
- 1 Prise Salz
- 2 EL Rosinen
- 1 EL Zitronensaft
- 3 EL Mandelstifte
- 1 TL Zimt
- 2 EL Agavensirup

MANDELPUDDING:

- 500 ml Sojamilch
- 4 gestr. EL Maisstärke
- 1 Pck. Vanillezucker
- 2 EL Zucker
- 4 EL gemahlene Mandeln

KARAMELLISIERTE TRAUBEN:

- 300 g weiße Trauben
- 300 g blaue Trauben
- 3 EL Zucker

MANDELKRUSTE:

- 100 ml Reissahne
- 1 EL Agavensirup
- 1 EL Maisstärke
- 50 ml Wasser
- 20 g Mandelblättchen

- etwas Margarine für die Form
- einige frische Trauben für die Garnitur

Reismilch mit einer Prise Salz zum Kochen bringen, gewaschenen Reis einstreuen, umrühren und bei niedriger Hitze bissfest garen. Reis auskühlen lassen.

Für den Mandelpudding Sojamilch in einem hohen Topf erhitzen. Sobald die Milch lauwarm ist, 125 ml davon in eine Tasse schöpfen und gut mit der Maisstärke verrühren. Restliche Milch aufkochen lassen und die Stärkemischung mit einem Schneebesen einrühren. Die Puddingmasse unter ständigem Rühren 3 Minuten köcheln lassen, bis sie eindickt. Mit Zucker und Vanillezucker abschmecken. In eine Schüssel geben, etwas auskühlen lassen und die gemahlenen Mandeln einrühren. Während des Erkaltens Pudding immer wieder umrühren.

umblättern →

→ Fortsetzung: Mandelrisotto mit karamellisierten Trauben

Für die karamellisierten Trauben einen Bogen Backpapier vorbereiten. Trauben waschen. Zucker in einer Pfanne schmelzen lassen. Sobald der Zucker flüssig und goldgelb wird, die Trauben darin schwenken und unter vorsichtigem Wenden karamellisieren. Die Trauben auf das Backpapier geben und mit einer Gabel voneinander trennen.

Den Reis mit Rosinen, Zitronensaft, Mandelstiften, Zimt und Agavensirup vermengen. Eine Auflaufform (ca. 24 x 22 cm) mit etwas Margarine einfetten. Mit einer Lage Reis beginnen und diese mit einem Löffel fest in die Form drücken. Mandelpudding darüber streichen, Trauben darauf verteilen, noch zweimal diesen Vorgang wiederholen.

Für die Mandelkruste Maisstärke mit Wasser verrühren und Reissahne zum Kochen bringen. Die Stärkemischung in die kochende Reissahne rühren, ca. 2 Minuten köcheln lassen, bis sie eindickt. Vom Herd nehmen und die Mandelblättchen und den Agavensirup untermischen. Alles über das Risotto gießen und glatt streichen. Im vorgeheizten Backrohr auf mittlerer Schiebeleiste bei 170 °C ca. 25 Minuten backen, bis die Oberfläche leicht gebräunt ist. Vor dem Servieren etwas auskühlen lassen.

» **TIPP:** Wenn man den Risotto auskühlen lässt, wird er schnittfest.

Lasagne
mit Auberginen, Tomaten und Tofu

Auberginen, auch Melanzani genannt, haben einen leicht bitteren Geschmack. Wenn man die Früchte in Scheiben schneidet, mit Salz bestreut und 10 Minuten ziehen lässt, wird der Bittergeschmack gemildert. Anschließend die Scheiben kalt abbrausen und vorsichtig abtupfen.

1 Std. 40 Min.

TEIG:
- 300 g Weizenmehl Type 00
- 150 ml lauwarmes Wasser
- 1½ TL Salz
- 1 EL Olivenöl

- oder 1 Packung Lasagnenudeln, vorgekocht

TOFUSUGO:
- 400 g Tofu
- 3 EL Olivenöl
- 1 TL Salz
- 1 TL Agavensirup
- 2 EL Olivenöl
- 1 Zwiebel
- 3 Knoblauchzehen
- 200 ml passierte Tomaten
- 2 EL Tomatenmark
- 3 EL frische Kräuter (Basilikum, Oregano, Thymian)
- oder 3 TL getrocknete Kräuter
- Salz, Pfeffer

AUBERGINEN-TOMATEN-SCHICHTE:
- 1 Aubergine
- 2 Tomaten
- 2 Knoblauchzehen
- 2 EL Olivenöl
- 1 EL Zitronensaft
- Salz, Pfeffer

- 500 ml Béchamelsauce (Rezept S. 12)
- 200 g Hefeschmelz (Rezept S. 14)
- 1–2 EL Olivenöl für die Form

Mehl auf ein Backbrett sieben, Salz dazugeben, in die Mitte eine Mulde drücken und langsam das Öl mit dem Wasser hineingießen. Rasch zu einem Teig verkneten. Ca. 10 Minuten den Teig mit den Handballen bearbeiten, anschließend die Teigkugel 10 Mal auf das Backbrett schlagen. Einen kleinen Topf kurz erwärmen und über die Teigkugel stülpen. 15 Minuten den Teig darunter rasten lasten. Teig auf einer gut bemehlten Arbeitsfläche dünn ausrollen und etwas trocknen lassen. Mit einem scharfen Messer Rechtecke von ca. 9 x 15 cm Seitenlänge schneiden.

umblättern ⟶

→ Fortsetzung: Lasagne mit Auberginen, Tomaten und Tofu

Einen großen Topf mit gesalzenem Wasser zum Kochen bringen und die Teigstücke portionsweise hineingeben. Sobald sie an die Oberfläche steigen noch ein paar Minuten köcheln lassen, bis sie al dente sind. Herausnehmen, abtropfen lassen und nebeneinander auf ein feuchtes Tuch legen (oder gekaufte Lasagnenudeln nach Anleitung vorbereiten).

Für das Tofusugo eine Marinade aus 3 EL Olivenöl, Salz, Agavensirup und Zitronensaft zubereiten. Tofu mit den Fingern zerbröseln, mit der Marinade gut vermengen und mindestens 1 Stunde ziehen lassen. Zwiebel und Knoblauch schälen, hacken und in 2 EL Olivenöl anbraten. Den marinierten Tofu dazugeben und 5 Minuten mitbraten, passierte Tomaten und Tomatemark unterrühren und bei geringer Hitze weitere 5 Minuten köcheln lassen. Mit gehackten Kräutern, Pfeffer eventuell etwas Salz würzen. Das Tofusugo zur Seite stellen.

Tomaten und Aubergine waschen. Die Aubergine in knapp 1 cm dicke Scheiben schneiden und mit Zitronensaft beträufeln. Die Tomaten kreuzweise einschneiden, mit heißem Wasser überbrühen und die Haut abziehen. Mit der Hand leicht ausdrücken und ebenfalls in Scheiben teilen. Knoblauch schälen und würfeln. Die restlichen 2 EL Olivenöl in einer Bratpfanne erhitzen, den Knoblauch darin etwas bräunen und portionsweise die Auberginen- und Tomatenscheiben darin rasch anbraten. Eventuell dazwischen noch etwas Öl nachgießen. Die Gemüsescheiben salzen und pfeffern und auf Küchenkrepp etwas auskühlen lassen.

Béchamelsauce und Hefeschmelz nach Rezept zubereiten.

Eine Auflaufform (ca. 24 x 22 cm) sparsam mit Öl auspinseln und den Boden mit Lasagnenudeln auslegen. Die Hälfte des Tofusugos darauf verteilen, glatt streichen und mit Béchamel abschließen. Eine weitere Lage Nudeln darauf geben und diese mit eng aneinander gelegten Auberginen- und Tomatenscheiben bedecken. Béchamel schließt auch diese Lage ab. Eine weitere Lage Nudeln darauf geben und mit dem restlichen Tofusugo und der Béchamelsauce bedecken. Mit einer Lage Nudeln abschließen und Hefeschmelz darauf verteilen. Im vorgeheizten Backrohr auf mittlerer Schiebeleiste bei 200–220 °C ca. 20 Minuten backen. Die oberste Lage sollte schön gebräunt sein.

Cannelloni

mit Tomatensauce

Cannelloni sind Teigquadrate,
lecker gefüllt und aufgerollt,
mit einer würzigen Sauce überbacken.

1 Std. 40 Min.

TEIG:

- 300 g Hartweizenmehl
- 200–220 ml lauwarmes Wasser
- 1½ TL Salz
- 1½ EL Olivenöl

FÜLLUNG:

- 1 Zucchini
- 1 gelbe Paprika
- 1 rote Paprika
- 10 Oliven ohne Kern
- 1 Zwiebel
- 3 Knoblauchzehen
- 1 Bund frischer Oregano
- Salz, Pfeffer

SAUCE:

- 700 g sehr reife Tomaten (oder Pelati aus der Dose)
- 2 EL Olivenöl
- 4 Knoblauchzehen
- 1 Prise Zucker
- Salz, Pfeffer

- etwas Olivenöl für die Form
- 4 Basilikumzweige zum Garnieren

Mehl auf ein Backbrett sieben, Salz dazugeben, in die Mitte eine Mulde drücken und langsam das Öl mit dem Wasser hineingießen. Rasch zu einem Teig verkneten. Ca. 10 Minuten den Teig mit den Handballen bearbeiten, anschließend die Teigkugel 10 Mal auf das Backbrett schlagen. Einen kleinen Topf kurz erwärmen und über die Teigkugel stülpen. 15 Minuten den Teig darunter rasten lasten. Teig auf einer gut bemehlten Arbeitsfläche dünn ausrollen und etwas trocknen lassen. Mit einem scharfen Messer Teigquadrate von ca. 8 cm Seitenlänge schneiden. Einen großen Topf mit gesalzenem Wasser zum Kochen bringen und die Teigstücke portionsweise hineingeben. Sobald sie an die Oberfläche steigen noch ein paar Minuten köcheln lassen, bis sie al dente sind. Herausnehmen, abtropfen lassen und nebeneinander auf ein feuchtes Tuch legen.

umblättern →

→ Fortsetzung: Cannelloni mit Tomatensauce

Für die Füllung Zwiebel und Knoblauch schälen und fein würfeln. Das restliche Gemüse waschen und putzen und mit den Oliven grob hacken. Öl in einer Bratpfanne erhitzen, zuerst Zwiebel und Knoblauch darin anbraten, dann das restliche Gemüse dazugeben. Bei niedriger Temperatur alles etwas einkochen lassen (ca. 20 Minuten). Mit Salz und Pfeffer kräftig würzen und den gehackten Oregano unterziehen.

Für die Sauce Tomaten waschen, kreuzweise einschneiden und mit heißem Wasser überbrühen. Enthäuten, Saft und Kerne leicht ausdrücken und grob würfeln. Olivenöl in einer Bratpfanne erhitzen, geschälten und gehackten Knoblauch darin braten und die Tomaten dazugeben. Alles kräftig durchrühren und bei niedriger Hitze zu einer sämigen Sauce einkochen lassen. Wenn nötig, etwas Wasser immer wieder zugießen. Mit Zucker, Salz und Pfeffer würzen.

Vier kleine, ofenfeste, flache Formen oder eine große Form mit Olivenöl ausstreichen. Längs auf die Mitte der Teigstücke eine Portion (2 EL) Füllung geben, den Teig aufrollen und die sogenannte Cannelloni mit der überlappenden Kante nach unten, eng nebeneinander in die Form legen. (Als Hauptspeise bitte mindestens 4 Cannelloni pro Person / Form berechnen). Backofen auf 180 °C vorheizen, die Cannelloni mit der Tomatensauce übergießen und etwa 20 Minuten auf mittlerer Schiene überbacken. Mit frischen Basilikumzweigen garnieren und sofort servieren.

Cannelloni

mit Spinatfüllung und Kräuter-Béchamel

Frischen Spinat möglichst rasch nach dem Einkauf verbrauchen, da er seine Nährstoffe sehr schnell abbaut. Maximal 10–12 Stunden in einem feuchten Tuch eingeschlagen im Kühlschrank aufbewahren.

1 Std. 40 Min.

TEIG:

- 300 g Weizenmehl
- 150 ml lauwarmes Wasser
- 1½ TL Salz
- 2 EL Olivenöl

FÜLLUNG:

- 500 g Spinat
- 10 getrocknete Tomaten in Öl (und 2 EL Tomatenöl)
- 100 ml Weißwein
- 4 Frühlingszwiebeln
- 3 Knoblauchzehen
- 100 g Pinienkerne
- 1 Prise Muskat
- Salz, Pfeffer

BÉCHAMEL:

- 400 ml Béchamelsauce (Rezept S. 12)
- etwas Olivenöl für die Form

Mehl auf ein Backbrett sieben, Salz dazugeben, in die Mitte eine Mulde drücken und langsam das Öl mit dem Wasser hineingießen. Rasch zu einem Teig verkneten. Ca. 10 Minuten den Teig mit den Handballen bearbeiten, anschließend die Teigkugel 10 Mal auf das Backbrett schlagen. Einen kleinen Topf kurz erwärmen und über die Teigkugel stülpen. 15 Minuten den Teig darunter rasten lasten. Teig auf einer gut bemehlten Arbeitsfläche dünn ausrollen und etwas trocknen lassen. Mit einem scharfen Messer Teigquadrate von ca. 8 cm Seitenlänge schneiden. Einen großen Topf mit gesalzenem Wasser zum Kochen bringen und die Teigstücke portionsweise hineingeben. Sobald sie an die Oberfläche steigen, noch ein paar Minuten köcheln lassen, bis sie al dente sind. Herausnehmen, abtropfen lassen und nebeneinander auf ein feuchtes Tuch legen.

Für die Füllung Spinat waschen und die groben Stiele abschneiden. Knoblauch schälen und hacken, Frühlingszwiebeln waschen, putzen und in Ringe schneiden. 2 EL Öl von den getrockneten Tomaten abnehmen und in einer großen Bratpfanne erhitzen. Die Tomaten mittelfein schneiden und mit dem Knoblauch und den Zwiebelringen darin anbraten. Spinat dazugeben, gut durchrühren und ein paar Minuten mitbraten lassen. Wenn der Spinat zusammengefallen ist, alles mit dem Weißwein aufgießen.

umblättern ⟶

→ Fortsetzung: Cannelloni mit Spinatfüllung und Kräuter-Béchamel

Die Pinienkerne in einer beschichteten Pfanne ohne Fett bräunen und zur Füllung geben. Mit einer kräftigen Prise Muskat, Salz und Pfeffer abschmecken. Die Füllung etwas auskühlen lassen.

Die Béchamelsauce nach Rezept zubereiten.

Vier ofenfeste Förmchen (oder eine große) mit Öl einfetten. Längs in die Mitte jedes Teigstückes eine Portion (2 EL) Füllung geben, zu Cannellonis aufrollen und mit den überlappenden Enden nach unten, nebeneinander in die Auflaufformen setzen. (Als Hauptspeise bitte mindestens 4 Cannelloni pro Person / Form berechnen). Mit Béchamel übergießen und im vorgeheizten Backrohr auf mittlerer Schiene bei 180 °C backen, bis die Oberfläche schön gebräunt und krustig ist. Rasch servieren.

Tortellini

mit Bohnenpüree alla Panna

Diese kleinen, runden, gefüllten Teigtaschen kommen ursprünglich aus Bologna und können sowohl mit einer Sauce als auch als Suppeneinlage genossen werden.

2 Std. ●●

TEIG:

- 400 g Hartweizenmehl
- 240 ml lauwarmes Wasser
- 2–3 TL Salz
- 2 EL Olivenöl
- Mehl für die Arbeitsfläche

FÜLLUNG:

- 100 g weiße Bohnen
- 2 Knoblauchzehen
- 1 Peperoncino
- 2 EL Olivenöl
- 1 EL frisches, gehacktes Bohnenkraut, (oder 1 TL getrocknetes)
- 1 EL frischer, gehackter Majoran (oder 1 TL getrockneter)
- 1 Schalotte
- ½ TL Salz
- Pfeffer
- ca. 100 -120 ml Bohnenkochwasser

SAUCE:

- 400 ml Pflanzensahne (Hafer, Soja oder Reis)
- 4 TL Maisstärke
- 150 ml Wasser
- 2 EL gehackte Kräuter
- 4 Knoblauchzehen
- 1 EL hochwertige Margarine
- Salz, Pfeffer

- etwas Peffer und Bohnenkraut zum Garnieren

Mehl auf ein Backbrett sieben, Salz dazugeben, in die Mitte eine Mulde drücken und langsam das Öl mit dem Wasser hineingießen. Rasch zu einem Teig verkneten. Ca. 10 Minuten den Teig mit den Handballen bearbeiten, anschließend die Teigkugel 10 Mal auf das Backbrett schlagen. Einen kleinen Topf kurz erwärmen und über die Teigkugel stülpen. 15 Minuten den Teig darunter rasten lasten.

Für die Tortellini-Füllung Bohnen am Vortag in kaltem Wasser einweichen. Bohnen abgießen und in ⅜ l leicht gesalzenem Wasser zum Kochen bringen. Bei mäßiger Hitze ca. 30–40 Minuten bissfest garen lassen. Bohnen in einem Sieb (über einem Topf) abgießen und von diesem Bohnenwasser ca. 125 ml aufbewahren. Backrohr auf 180 °C vorheizen.

umblättern ⟶

→ Fortsetzung: Tortellini mit Bohnenpüree alla Panna

1 EL Olivenöl in eine ofenfeste Auflaufform geben und die Bohnen einfüllen. Schalotte und Knoblauch schälen und mit dem Peperoncino fein hacken. Mit den Kräutern über den Bohnen verteilen, mit 1 EL Olivenöl beträufeln und etwas Bohnenwasser angießen. Im Backrohr auf mittlerer Schiene braten, dabei immer wieder etwas Bohnenwasser zugießen und mit einer Gabel alles leicht durchrühren. Nach ca. 45 Minuten die gebackenen Bohnen samt Gewürzen in ein hohes Gefäß geben und mit dem Stabmixer pürieren. Mit Salz und Pfeffer abschmecken. Die Masse sollte fest und elastisch sein.

Arbeitsfläche bemehlen, ebenso das Nudelholz. Teig in 2 Portionen teilen, dünn ausrollen und mit einer Ausstechform (3½ cm Durchmesser) kleine Plätzchen ausstechen. Mit einem Mokkalöffel eine erbsengroße Kugel aus der Masse formen und diese auf die Mitte eines Kreises setzen. Ein zweites, unbefülltes Plätzchen darauf legen und mit bemehlten Fingern die Ränder gut festdrücken, damit sie beim Kochen nicht aufgehen.

Einen großen Topf mit leicht gesalzenem Wasser zum Kochen bringen. Die Tortellini portionsweise ins Wasser geben, die Hitze etwas reduzieren und sobald diese an die Wasseroberfläche aufsteigen, mit einer Schaumkelle herausheben und warm stellen.

Für die Sauce Knoblauch schälen und in feine Scheibchen schneiden. Margarine erhitzen, Knoblauch darin anbraten, mit Pflanzensahne aufgießen und kurz köcheln lassen. Maisstärke gut mit Wasser vermengen und in die Sahne rühren. Wenn die Sauce andickt, mit Kräutern, Salz und Pfeffer abschmecken. Tortellini mit der Kräutersauce vermischen, auf vorgewärmten Tellern anrichten, mit etwas frisch gemahlenem Pfeffer und Bohnenkraut garnieren und sofort servieren.

Rucolaravioli

mit gebratenen Salbeiblättern und Parmesan

Rucola kommt eigentlich aus dem deutschem Raum, wo er als Rauke bekannt ist. Dennoch ist er aus der italienischen Küche nicht mehr wegzudenken und kommt vielseitig zum Einsatz.

2 Std. ●●

NUDELTEIG:

- 250 g Rucola
- 350 g Weizenmehl
- 2 TL Salz
- 2 EL Olivenöl
- lauwarmes Wasser

FÜLLUNG:

- 200 g Kartoffeln
- 2 Frühlingszwiebeln
- 4 Knoblauchzehen
- 2 EL Sojasahne
- Salz, Pfeffer

- 16 Salbeiblätter
- 1 EL Olivenöl
- etwas veganer Parmesan (Rezept S. 13)
- 4 EL hochwertige Margarine

Für die Füllung Kartoffeln waschen und in genügend Salzwasser bissfest garen. Kurz auskühlen lassen, schälen und durch die Kartoffelpresse drücken (hat man keine Kartoffelpresse, kann man die Kartoffeln auch mit einer Gabel zerdrücken). Frühlingszwiebeln putzen, waschen und in feine Ringe schneiden. Knoblauch schälen und fein hacken. Kartoffeln mit Zwiebelringen und Knoblauch vermengen, dann mit Sahne, Salz und Pfeffer verfeinern. Bis zur Weiterverarbeitung kühl stellen.

Für den Teig Rucola waschen, die harten Stiele entfernen und 2–3 Minuten in kochendem Wasser blanchieren. Ausdrücken und mit dem Stabmixer pürieren. Mit Öl und Salz vermengen und mit dem Mehl verkneten. Lauwarmes Wasser bereitstellen und esslöffelweise in den Teig kneten, bis er geschmeidig ist. 10 Minuten mit den Handballen kneten, dann unter einem vorgewärmten Topf ca. 15 Minuten rasten lassen. Den Teig halbieren und jede Hälfte zuerst auf einer bemehlten Arbeitsplatte mit einem bemehlten Nudelholz dünn ausrollen. Mit einer kleinen Form (3 x 3 cm) Vierecke ausstechen und in die Mitte mit einem Teelöffel etwas Füllung setzen. Ein zweites Viereck darauf legen und mit bemehlten Fingern den Rand gut festdrücken. Mit dem restlichen Teig ebenso verfahren.

In einem großem Topf gesalzenes Wasser zum Kochen bringen. In Portionen die Ravioli hineingeben, dabei die Hitze etwas zurückschalten. Wenn die Ravioli an die Oberfläche steigen, diese

→ Fortsetzung: Rucolaravioli mit gebratenen Salbeiblättern und Parmesan

mit einer Schaumkelle herausheben, abtropfen lassen, auf einen großen Teller geben und warm halten, bis alle Ravioli gekocht sind.

Salbeiblättchen in Olivenöl knusprig braten und auf Küchenkrepp legen. In derselben Bratpfanne Margarine aufschäumen und leicht bräunen. Ravioli auf vorgewärmten Tellern anrichten, mit Margarine beträufeln und mit Salbei und Parmesan garnieren.

» TIPP: Gefüllte Teigtäschchen neigen dazu, schnell zu verkochen, deshalb im Auge behalten und sobald sie aufsteigen, mit einer Schaumkelle herausheben. Möchte man die gekochten Ravioli nicht sofort verwenden, sollte man sie kurz in lauwarmem Wasser abschrecken und auf einen Teller geben (damit sie nicht zusammenkleben). Nach Belieben rösten.

Trofie

mit Artischocken

Eine Spezialität aus Ligurien, die auch großartig mit Basilikumpesto schmeckt.

2 Std. ●●

TROFIE:

- 300 g Weizenmehl Type 00
- 2 TL Salz
- 3 EL Olivenöl
- 150 ml lauwarmes Wasser

SAUCE:

- 4 zarte Artischocken
- 2 Knoblauchzehen
- 3 EL Olivenöl
- 2 EL Zitronensaft
- 100 ml Hafersahne
- 1 Bund Petersilie
- 1 TL Salz
- Pfeffer
- etwas veganer Parmesan (Rezept S. 13)

Mehl auf ein Backbrett sieben, Salz dazugeben, in die Mitte eine Mulde drücken und langsam das Öl mit dem Wasser hineingießen. Rasch zu einem Teig verkneten. Ca. 10 Minuten den Teig mit den Handballen bearbeiten, anschließend die Teigkugel 10 Mal auf das Backbrett schlagen. Einen kleinen Topf kurz erwärmen und über die Teigkugel stülpen. 15 Minuten den Teig darunter rasten lasten. Teig halbieren und die erste Hälfte auf einer bemehlten Arbeitsfläche mit dem bemehlten Nudelholz dünn ausrollen. Mit einer kleinen, quadratischen Ausstechform (ca. 2 cm Seitenlänge) oder mit dem Messer Quadrate aus dem Teig schneiden und jedes Quadrat mit dem Handballen, an einer Ecke beginnend aufrollen. Mit der zweiten Teighälfte ebenso verfahren. Trofie etwas antrocknen lassen.

Für die Artischockensauce die äußeren Blätter der Artischocken abziehen. Mit einem scharfen Messer die harten Spitzen der restlichen Blätter abschneiden, dass nur mehr die fleischigen Herzen übrig bleiben. Ca. 175 ml Wasser mit Zitronensaft und Öl mischen und die in feine Streifen geschnittenen Artischockenherzen darin einlegen. 10 Minuten ziehen lassen, dann mit Salz, Pfeffer und den fein gehackten Knoblauchzehen würzen und alles aufkochen. Zudecken und bei milder Hitze so lange köcheln lassen, bis die Artischocken weich sind. In den letzen Minuten die fein gehackte Petersilie und die Hafersahne untermischen.

Trofies in leicht gesalzenem Wasser kochen, sobald sie an die Oberfläche steigen, in einem Sieb abrinnen lassen. Trofies in eine vorgewärmte Schüssel geben und die Sauce gut unterziehen. Mit veganem Parmesan servieren.

Tagliatelle
mit Pilzsauce

„Tagliare" heißt übersetzt schneiden. So kamen die Tagliatelle zu ihrem Namen: Aus frischen aufgerollten Teigblättern werden sie in ca. 1 cm Breite geschnitten.

1 Std. 30 Min.

TAGLIATELLE:

- 400 g Hartweizenmehl oder Weizenmehl
- 250 ml lauwarmes Wasser
- 2 TL Salz
- 2 EL Olivenöl
- Mehl für die Arbeitsfläche

SAUCE:

- 500 g Champignons (oder andere Pilze nach Wahl)
- 750 g reife Tomaten
- 1 Zwiebel
- 4 Knoblauchzehen
- 3 EL Olivenöl
- 1 Bund Petersilie
- 100 ml Pflanzensahne
- Salz, Pfeffer
- etwas gehackte Petersilie zum Garnieren

Mehl auf ein Backbrett sieben, Salz dazugeben, in die Mitte eine Mulde drücken und langsam das Öl mit dem Wasser hineingießen. Rasch zu einem Teig verkneten. Ca. 10 Minuten den Teig mit den Handballen bearbeiten, anschließend die Teigkugel 10 Mal auf das Backbrett schlagen. Einen kleinen Topf kurz erwärmen und über die Teigkugel stülpen. 15 Minuten den Teig darunter rasten lasten. Backbrett mit Mehl bestäuben. Nudelteig vierteln und mit dem bemehlten Nudelholz dünn (2 mm) ausrollen.
15 Minuten trocknen lassen, dann das Teigstück zusammenrollen und mit einem sehr scharfen Messer Streifen mit 1 cm Breite schneiden. Auf einem bemehlten Tuch ausbreiten.

Pilze abbürsten, putzen und in Scheiben schneiden. Tomaten und Petersilie waschen. Tomaten kreuzweise einschneiden, mit heißem Wasser überbrühen und die Haut abziehen. Die Kerne entfernen und fein schneiden. Knoblauch und Zwiebel schälen und fein hacken. Olivenöl in einer Bratpfanne erhitzen, Knoblauch und Zwiebel darin anbraten. Anschließend die Pilze dazugeben und mitbraten. Tomaten untermischen, Hitze reduzieren und Deckel auf die Pfanne geben. Ca. 20–25 Minuten garen lassen, bis eine sämige Sauce entstanden ist. Mit Salz, Pfeffer und Petersilie verrühren.

Die Tagliatelle in Salzwasser al dente kochen und abgießen. Sauce eventuell noch mit der Pflanzensahne verfeinern und mit den Nudeln gut vermengen. Auf vorgewärmten Tellern anrichten und mit etwas Petersilie und Pfeffer garnieren.

Orecchiette

mit Tomaten-Zwiebelcrema

Orecchiette – „Öhrchen“ – bekommen ihre typische gewölbte Form, wenn die Scheibchen mit dem Daumen etwas gezogen werden. Sie stammen aus Apulien.

2 Std.
+ Ruhezeit

ORECCHIETTE:

- 300 g Hartweizengrieß
- 3 EL Olivenöl
- 230–250 ml lauwarmes Wasser
- 1½ TL Salz

SAUCE:

- 1 kg rote Zwiebeln
- 2 EL Olivenöl
- 2 TL Zucker
- 200 ml Rotwein
- 3 EL Balsamicoessig
- 4 EL getrocknete Tomaten in Öl
- 1 Radicchio
- 4 EL Oreganoblättchen
- Salz, Pfeffer

Für die Orecchiette Hartweizengrieß auf ein Arbeitsbrett geben. Wasser mit Salz und Olivenöl mischen und mit dem Hartweizengrieß verkneten. Den Teig mindestens 10 Minuten kneten, dabei zwischendurch die Handballen einsetzen. Teigkugel noch zehnmal auf das Brett schlagen, dann einen erwärmten Topf darüber stülpen. 15 Minuten rasten lassen. Teig auf einer bemehlten Arbeitsfläche vierteln, aus jedem Teil fingerdicke Rollen formen. Mit einem Messer 4 mm dicke Scheiben abschneiden und diese mit Hilfe des Daumens etwas ziehen, wobei sie die typische Öhrchenform annehmen sollen. Die Orecchiette mindestens 1 Tag trocknen lassen.

In der Zwischenzeit die Zwiebeln schälen und in feine Ringe schneiden. Öl in einer Bratpfanne erhitzen und die Zwiebelringe darin weich braten. Zucker drüberstreuen und unter Rühren den Zwiebel karamellisieren. Mit Wein aufgießen, die in Streifen geschnittenen Tomaten untermengen und alles nochmals kurz aufkochen lassen. Vom Herd nehmen, mit Essig, Salz und Pfeffer abschmecken.

Radicchio in mundgerechte Stücke zerteilen, waschen und trocken schütteln.

In einem großen Topf Wasser zum Kochen bringen und salzen. Orecchiette darin al dente kochen und abseihen. Mit der Tomaten-Zwiebelcrema vermengen und mit dem Radicchio und den Oreganoblättchen schön anrichten.

Pansoòti
mit Walnusssauce

Pansoòti sind in Ligurien beheimatet und eine Art Ravioli, meist gefüllt mit Kräutern oder Blattgemüse.

2 Std.

NUDELTEIG:
- 300 g Weizenmehl
- 2 EL Olivenöl
- 2 TL Salz
- 150 ml lauwarmes Wasser

FÜLLUNG:
- 300 g frische, gemischte Kräuter (Petersilie, Basilikum, Oregano, Majoran, Kerbel, ...)
- 1l Sojamilch
- 6 TL Weißweinessig
- 2 Knoblauchzehen
- 25 g veganer Parmesan (Rezept S. 13)
- Salz, Pfeffer

SAUCE:
- 150 g Walnusskerne
- 4 EL Olivenöl
- 4 EL Pflanzensahne
- 1 Knoblauchzehe
- 20 g Toastbrot ohne Rinde
- 100 ml Weißwein
- Salz, Pfeffer

Für die Füllung Sojamilch mit dem Essig kochen lassen, bis die Milch ausflockt. In ein Tuch, das über ein Sieb gelegt wird, schütten. Tuch zusammendrehen und die Flüssigkeit herausdrücken. Veganen Parmesan nach Rezept zubereiten. Knoblauchzehen schälen und hacken. Kräuter in wenig Salzwasser kurz überbrühen, ausdrücken und mit dem Stabmixer pürieren. Alle Zutaten gut vermengen. Nach Geschmack mit Salz und Pfeffer würzen.

Für die Pansoòti Mehl auf ein Backbrett sieben, Salz dazugeben, in die Mitte eine Mulde drücken und langsam das Öl mit dem Wasser hineingießen. Rasch zu einem Teig verkneten. Ca. 10 Minuten den Teig mit den Handballen bearbeiten, anschließend die Teigkugel 10 Mal auf das Backbrett schlagen. Einen kleinen Topf kurz erwärmen und über die Teigkugel stülpen. 15 Minuten den Teig darunter rasten lasten. Auf einer bemehlten Arbeitsfläche den Teig ausrollen und Dreiecke mit einer Seitenlänge von ca. 8 cm ausschneiden. In die Mitte mit einem Teelöffel einen Klecks Füllung setzen. Dreiecke zusammenklappen und die Ränder gut festdrücken.

umblättern →

→ Fortsetzung: Pansoòti mit Walnusssauce

Für die Walnusssauce das Toastbrot grob aufkrümeln und im Wein einweichen. Die Nüsse grob hacken, Knoblauch schälen und fein schneiden. Das ausgedrückte Brot dazugeben und alles mit dem Stabmixer pürieren. Mit Öl und der Pflanzensahne vermengen. Falls die Sauce zu dick ist, noch etwas Sahne dazugießen. Salzen und pfeffern.

Die Pansoòti in reichlich Salzwasser garen, bis sie an die Oberfläche steigen. Mit einer Schaumkelle herausnehmen, abtropfen lassen und in eine vorgewärmte Schüssel geben. Vorsichtig mit der Walnusssauce vermengen und rasch servieren.

Pizza

mit Kräuterpesto und Frischkäse

2 Stück

Die Pizza hat eine lange Tradition. Sie beginnt wahrscheinlich schon im 6. Jahrhundert v. Chr. im persischen Reich. Über Griechenland brachten die Etrusker die dünnen Teigfladen nach Italien. Besonders in Neapel backten hauptsächlich ärmere Leute auf heißen Marmorplatten ihre Pizza. Als amerikanische Soldaten nach dem 2. Weltkrieg die Pizza nach Amerika brachten, begann ihr endgültiger Siegeszug.

1 Std. 45 Min.

TEIG:

- 250 g Weizenmehl oder Mehl Type 00
- 1 Packung Trockenhefe
- 2 EL Olivenöl
- 2TL Salz
- 1 Prise Zucker
- ca. 130 ml lauwarmes Wasser

FRISCHKÄSE:

- 1 l Sojamilch
- 3 TL Apfelessig
- 3 TL Zitronensaft
- Salz, Pfeffer
- Baumwolltuch

KRÄUTERPESTO:

- 8 EL gemischte Kräuter (z. B. Petersillie, Kerbel, Oregano, Basilikum)
- 2 EL Olivenöl
- 1 EL Balsamicoessig
- 1 Knoblauchzehe
- 2 EL Pinienkerne
- 3 Essiggurken, süß-sauer
- 1 Schalotte
- 1 EL Kapern
- 1 Peperoncino

- 500 g Eiertomaten (Pelati)

Mehl mit Hefe, Salz und Zucker gut in einer Schüssel mischen. Langsam Öl und Wasser zugießen und zu einem Teig verkneten. Mit den Knethaken des Handmixers den Teig ca. 10 Minuten schlagen. An einem warmen Ort, mit einem Tuch bedeckt, ca. 1 Stunde gehen lassen, bis der Teig sich verdoppelt.

In der Zwischenzeit für das Pesto Kräuter waschen, trocken schütteln und hacken. Knoblauch und Schalotte schälen und mit den Kapern, Essiggurken, Pinienkernen und der Peperoncino fein schneiden. Diese vorbereiteten Zutaten mit Essig und Öl in ein hohes Mixgefäß geben und mit dem Stabmixer pürieren, salzen und pfeffern.

umblättern ⟶

→ Fortsetzung: Pizza mit Kräuterpesto und Frischkäse

Die Tomaten waschen, kreuzweise einschneiden und mit heißem Wasser überbrühen; die Haut lässt sich dann gut abziehen. Tomaten leicht mit einer Hand ausdrücken und grob würfeln.

Für den Frischkäse Sojamilch in einen Topf geben und mit Essig und Zitronensaft vermengen. Alles aufkochen und so lange köcheln lassen, bis die Milch ausflockt und sich in feste und flüssige Bestandteile trennt (ca. 3–5 Minuten). Dabei ständig mit dem Schneebesen rühren. Vom Herd nehmen und alles durch ein großes Sieb schütten, das mit einem Baumwolltuch ausgelegt ist. Tuch an den Enden zusammennehmen und durch Drehen die restliche Flüssigkeit auspressen. Diesen Vorgang zwei- bis dreimal wiederholen, bis im Tuch die feste Masse zurückbleibt. Salzen und pfeffern.

Pizzateig teilen, auf einem bemehlten Arbeitsbrett zu dünnen Pizzaböden ausrollen und auf 2 mit Backpapier ausgelegte Backbleche geben. Mit Pesto bestreichen, mit Tomaten belegen und den Frischkäse darauf verteilen. Nacheinander im vorgeheizten Backrohr bei 260 °C auf der mittleren Schiebeleiste 10–15 Minuten backen. Die Pizzen sollten knusprig und gebräunt sein.

» **TIPP:** Dieser Pizzaboden kann natürlich auch klassisch mit passierten Tomaten (Passata), verschiedenen Pilzen, Oliven, Pfefferoni, Kapern, Zwiebel und Sojakäse belegt werden.

Calzone

(2 große Stücke)

Die Calzone findet man in vielen Regionen Süd- und Mittelitaliens, meist mit Gemüsesorten gefüllt. Der Name soll sich von einem bauchigen Musikinstrument, ähnlich einer Laute, ableiten.

1 Std. 20 Min.
+ Ruhezeit

- 500 g Weizenmehl
- 1 Packung Trockenhefe
- 2 TL Salz
- 320 ml lauwarmes Wasser
- 1 Zwiebel
- 500 g gemischte Blattsalate
- 100 g Blattspinat
- 4 Knoblauchzehen
- 4 EL Kapern
- 16 schwarze Oliven ohne Kern
- Salz, Pfeffer
- 4 EL Olivenöl + etwas Öl zum Bestreichen

Mehl mit Trockenhefe und Salz vermengen und mit Wasser zu einem geschmeidigen Teig verkneten. In einer Schüssel zugedeckt an einem warmen Ort 1 Stunde gehen lassen.

In der Zwischenzeit für die Füllung Blattsalate und Spinat waschen und trocken schütteln. Zwiebel und Knoblauch schälen und hacken. Kapern und Oliven grob hacken. Olivenöl in einer großen Bratpfanne erhitzen, Zwiebel und Knoblauch andünsten und das Blattgemüse dazugeben. Alles ca. 3 Minuten dünsten lassen. Vom Herd nehmen, etwas abkühlen lassen und das Gemüse ausdrücken, um Flüssigkeit zu entfernen.

Den aufgegangenen Teig nochmals gut durchkneten, halbieren und jedes Teigstück auf einer bemehlten Arbeitsfläche kreisförmig, dünn (3 mm) ausrollen. Teig auf ein mit Backpapier ausgelegtes Backblech legen und mit der Hälfte der Füllung halbseitig belegen (2 cm breiten Rand lassen). Mit Oliven und Kapern bestreuen und mit Salz und Pfeffer würzen. Zweite Teighälfte darüber klappen und den Rand mit den Fingern gut festdrücken. Mit Öl bestreichen.

Mit dem zweiten Teig ebenso verfahren und die Calzone auf dasselbe Backblech legen. Im vorgeheizten Backrohr bei 220 °C auf mittlerer Schiebeleiste knusprig backen – mindestens 25 Minuten. Wer sie besonders knusprig haben will, sollte noch 10 Minuten dazugeben (aber trotzdem im Auge behalten!).

Puddica

(2 Stück)

Die Puddica hat ihren Ursprung in Apulien. Sie ist eine Art Pizza, allerdings fast 2 cm dick.

1 Std.
+ Ruhezeit

- 400 g italienisches Weizenmehl (Type 00)
- 1 Packung Trockenhefe
- 250 ml lauwarmes Wasser
- 2 TL Salz
- 4 EL Olivenöl
- 10 Knoblauchzehen
- 20 Cocktailtomaten
- 2 EL Olivenöl
- 2 TL getrockneter Oregano

Mehl mit Trockenhefe und Salz vermengen und mit Wasser und Olivenöl zu einem geschmeidigen Teig verkneten. In einer Schüssel zugedeckt an einem warmen Ort 1 Stunde gehen lassen. Teig halbieren und jedes Teigstück nochmals gut durchkneten. Auf einem bemehlten Backbrett zu einem 1½ cm dicken Fladen ausrollen.

Auf ein mit Backpapier ausgelegtes Backblech legen und mit dem Daumen mehrere Mulden hineindrücken, die mit ganzen Tomaten, gehacktem Knoblauch und Olivenöl befüllt werden. Nochmals 15 Minuten zugedeckt gehen lassen und im vorgeheizten Backrohr bei 220 °C auf mittlerer Schiebeleiste 20 Minuten knusprig backen. Die Puddica wird sehr heiß serviert

Focaccia
mit Funghi und Birnen

(4 Stück)

Ursprünglich aus der Provinz Genua kommend, wurde dieses fingerdicke Fladenbrot zum Frühstück oder als Zwischenmahlzeit genossen.

- 400 g Dinkelmehl
- 1 Packung Trockenhefe
- 2 TL Salz
- 3 EL Olivenöl
- 250 ml lauwarmes Wasser
- 250 ml Hafersahne
- 2 Birnen
- 1 mittlere, rote Zwiebel
- 250 g Champignons
- 20 dunkle Oliven
- jeweils 1 TL frischer Oregano, Thymian und Rosmarin
- (oder jeweils ½ TL getrocknete Kräuter)
- 2 EL Olivenöl
- etwas Salz und Pfeffer

1 Std.
+ Ruhezeit

Mehl mit Hefe und Salz mischen und mit Wasser und Olivenöl zu einem geschmeidigen Teig verkneten. Teig in eine Schüssel geben, mit einem Tuch abdecken und an einem warmen Ort 1 Stunde rasten lassen. Teig auf einem bemehlten Küchenbrett nochmals durchkneten und in 4 Portionen teilen. Diese jeweils zu dünnen ovalen Fladen ausrollen.

Auf ein mit Backpapier ausgelegtes Backblech legen, mit einer Gabel mehrmals anstechen und mit Hafesahne bestreichen.

Zwiebel schälen und in feine Ringe, Birnen waschen, entkernen und in feine Spalten, Champignons putzen und der Länge nach in feine Scheiben schneiden. Die Fladen gleichmäßig mit Obst und Gemüse belegen, mit gehackten Kräutern bestreuen, mit Olivenöl beträufeln und etwas salzen und pfeffern. Im vorgeheizten Backrohr bei 220 °C auf mittlerer Schiebeleiste ca. 10–15 Minuten goldbraun backen.

Rote Bete-Gnocchi

mit Salbeibutter, Pinienkernen und Pistazien

- 200 g Rote Bete
- 600 g Kartoffeln
- 100 g Hartweizenmehl
- 60 g Maisstärke
- 3 TL Salz
- 20 g Ingwer
- 1 Messerspitze Muskat
- 2 EL Thymian
- 10 Salbeiblätter
- 3 EL Pistazienkerne
- 3 EL Pinienkerne
- 3 EL hochwertige Margarine

Salbei, im Mittelalter als eine der wichtigsten Heilpflanzen bekannt, ist im Mittelmeergebiet beheimatet. In der italienischen Küche kommt er sowohl frisch als auch getrocknet zum Einsatz – aber immer sparsam!

1 Std. 30 Min.

Kartoffeln und Rote Bete waschen und beide getrennt voneinander in gesalzenem Wasser bissfest kochen. Auskühlen lassen, Kartoffeln und Rote Bete schälen. Kartoffeln durch eine Kartoffelpresse drücken (oder mit einer Gabel zerdrücken), Rote Bete grob würfeln und mit dem Stabmixer pürieren. Kartoffeln mit der Roten Bete, dem Muskat und dem gehackten Thymian gut vermischen, sodass eine einheitliche Masse entsteht. Mit Mehl und Speisestärke verkneten. Ein Arbeitsbrett gut mit Mehl bestäuben, den Teig vierteln und daraus daumendicke Rollen formen. Mit einem Messer 2 cm lange Stücke abschneiden, dabei das Messer in den Teig drücken, dass kleine Pölsterchen entstehen.

In einem großen Topf gesalzenes Wasser zum Kochen bringen und die Gnocchi portionsweise darin garen. Sobald sie an die Oberfläche steigen, mit einer Schaumkelle herausheben, kurz mit kaltem Wasser abbrausen, abtropfen lassen und in einer vorgewärmten Schüssel warm halten.

Pinienkerne in einer beschichteten Pfanne ohne Fett hellbraun rösten und anschließend mit den Pistazienkernen grob hacken. Margarine aufschäumen, die Gnocchi darin schwenken und mit den Pinien- und Pistazienkernen und den Salbeiblättern anrichten.

Maroni-Kartoffel-Gnocchi

alla Panna

Kartoffeln unterscheiden sich je nach Sorte in ihren Kocheigenschaften. Für Gnocchi sind mehlig kochende am besten geeignet.

1 Std. 30 Min.

GNOCCHI:

- 450 g Kartoffeln
- 200 g Maroni (Beutel)
- 40 g Kartoffel- oder Maisstärke
- 60–70 g Mehl
- 2 EL sehr fein gehackte Petersilie
- 2 TL Salz

SAHNESAUCE:

300 ML PFLANZENSAHNE

SALZ, PFEFFER

Die Kartoffeln waschen und in genügend Salzwasser bissfest kochen. Abkühlen lassen, schälen und durch die Kartoffelpresse drücken. Die Maroni grob zerkleinern, mit dem Stabmixer pürieren und mit den Kartoffeln und der Petersilie gut vermengen. Mit Stärke, Mehl und Salz zu einem homogenen Teig verkneten. Auf einer bemehlten Arbeitsplatte den Teig in Stücke teilen. Diese fingerdick ausrollen und in ca. 2 cm große Stücke schneiden. Leicht gegen die Innenseite einer Gabel drücken und auf einem Tuch nebeneinander zum Trocknen legen. In einem großen Topf leicht gesalzenes Wasser zum Kochen bringen. Die Gnocchi portionsweise darin ein paar Minuten kochen. Sobald sie an die Oberfläche aufsteigen, mit einer Schaumkelle herausheben, kurz damit in kaltes Wasser tauchen (sie werden dadurch etwas fester) und anschließend warm stellen.

Für die Sauce die Pflanzensahne kurz aufkochen lassen und mit Salz und Pfeffer abschmecken. Mit den Gnocchi gut vermengen und auf vorgewärmten Tellern servieren.

Gegrillte Rote Bete

mit Erbsen-Basilikum-Creme und Rosmaringnocchi

Italiener kochen sehr gerne mit den frischen Blättchen und man will es kaum glauben, aber Basilikum kommt ursprünglich aus dem südostasiatischen Raum.

1 Std. 30 Min.

ROTE BETE:

- 700 g Rote Bete
- 5 EL Balsamicoessig
- 8 EL Olivenöl
- ½ TL Agavensirup
- 1 TL Kümmel
- ¼ TL gemahlener Muskat
- Salz, Pfeffer

ERBSEN-BASILIKUM-CREME:

- 300 g TK-Erbsen
- 1 Bund Basilikum
- 1 EL Limettensaft
- 1 TL Agavensirup
- 2 EL Olivenöl
- Salz, Pfeffer

ROSMARINGNOCCHI:

- 600 g mehlige Kartoffeln
- 200 g Mehl
- 1½ TL Salz
- 4 Zweige Rosmarin
- 4 EL Olivenöl

Für die Gnocchi Kartoffeln waschen und in genügend, leicht gesalzenem Wasser weich kochen. Abgießen, kurz auskühlen lassen, schälen und durch die Kartoffelpresse drücken. Püree auskühlen lassen und mit dem Mehl und Salz zu einem geschmeidigen Teig verkneten. Bei Bedarf etwas Mehl untermengen. Auf einer bemehlten Arbeitsfläche den Teig in 4 Teile teilen und daraus jeweils fingerdicke Rollen formen. 1 cm große Stücke abschneiden, mit bemehlten Händen kleine Kugeln formen, diese auf die Innenseite einer Gabel drücken und auf einem bemehlten Teller ablegen. Mit dem übrigen Teig ebenso verfahren.

Die Roten Bete waschen, schälen und in ½ cm dicke Scheiben schneiden. Für die Marinade Balsamico, Öl, Agavensirup, Muskat, Salz und Pfeffer in einer flachen Schüssel vermengen und die Roten Bete darin einlegen. Mindestens 30 Minuten marinieren lassen. Das Backrohr auf 200 °C vorheizen. Die Roten Bete aus der Marinade nehmen, mit einem Küchenkrepp etwas trocken tupfen und auf ein mit Backpapier ausgelegtes Backblech legen.

umblättern →

→ Fortsetzung: Gegrillte Rote Bete mit Erbsen-Basilikum-Creme und Rosmaringnocchi

Etwas Olivenöl darüber träufeln und auf die mittlere Schiene des Backrohrs schieben. 15–20 Minuten braten lassen, dabei das Gemüse immer wieder wenden.

Einen Topf mit leicht gesalzenem Wasser erhitzen und die Gnocchi darin kurz aufkochen lassen. Die Hitze reduzieren. Sobald die Gnocchi an die Oberfläche steigen, sie mit einem Schöpflöffel herausnehmen und auf einen Teller legen.

Für die Erbsen-Basilikum-Creme ca. 1 l Wasser zum Kochen bringen. Erbsen darin 2–3 Minuten kochen, anschließend in ein Sieb gießen und mit eiskaltem Wasser gründlich abspülen. Mit grob geschnittenem Basilikum und Limettensaft in einem hohen Gefäß mit dem Stabmixer pürieren. Agavensirup, Olivenöl, Salz und Pfeffer nach Geschmack dazugeben und nochmals kurz durchmixen.

In einer beschichteten Bratpfanne das Öl erhitzen, die Gnocchi darin knusprig goldgelb anbraten und mit dem gehackten Rosmarin bestreuen. Mit der Roten Bete und der Erbsencreme auf Tellern anrichten.

Torta di Polenta

18 cm Durchmesser

Die Polenta wird sowohl als Hauptgericht als auch als Beilage gereicht. Wegen ihres neutralen Geschmacks ist sie vielseitig kombinierbar. Man kennt sie in cremiger Konsistenz aber auch geröstet oder überbacken.

1 Std. 30 Min.

- 200 g Maisgrieß (Polenta)
- 800 ml Wasser
- 2 TL Salz
- 2 große Tomaten
- 1 Aubergine
- 1 kleine Zucchini
- 1 Frühlingszwiebel
- 1 Karotte
- 1 grüner Paprika
- 2 Stangensellerie
- 8 Oliven ohne Kern
- 1 TL Kapern
- 3 Knoblauchzehen
- 2 EL gehackter Basilikum
- 3 EL Olivenöl
- Salz, Pfeffer

- 250 g Seidentofu
- 150 g Sojasahne
- 5 EL Maisstärke
- 1 TL getrockneter Oregano
- Salz, Pfeffer

- Etwas Olivenöl für die Form

Tortenform mit etwas Olivenöl einstreichen.

Für die Polenta Wasser mit Salz zum Kochen bringen. Maisgrieß einrieseln und unter kräftigem Rühren aufkochen lassen. Hitze zurückdrehen und 20 Minuten leicht köcheln lassen, dabei immer wieder durchrühren, weil sich die Polenta gerne am Topfboden anlegt. Polenta in die Tortenform füllen und mit einem nassen Löffel glatt streichen.
Gemüse waschen und putzen. Tomaten kreuzweise einschneiden, mit heißem Wasser übergießen und die Haut abziehen. Frühlingszwiebel, Stangensellerie, Karotte, Zucchini und Paprika in Ringe und Scheiben schneiden. Tomaten und Aubergine grob würfeln. Oliven fein schneiden, Kapern und Knoblauch hacken.
Öl in einer Bratpfanne erhitzen und das Gemüse darin anbraten. Mit gehacktem Basilikum, Salz und Pfeffer würzen. Seidentofu, Sojasahne, Maisstärke und Majoran gut verrühren, mit dem gebratenen Gemüse vermengen und würzig mit Salz und Pfeffer abschmecken.
Gemüse-Tofumischung auf der Polenta verteilen und im vorgeheizten Backrohr bei 170 °C 35–40 Minuten backen. Etwas auskühlen lassen, bevor die Torta serviert wird.

Geröstete Polenta

mit Kartoffeln, Lauch und Tomaten

Polenta wird besonders von den Norditalienern geschätzt – dafür werden sie von den Süditalienern gerne als „polentoni“ betitelt.

1 Std. 30 Min.

- 800 ml Wasser
- 200 g Maisgrieß (Polenta)
- 2 TL Salz
- 400 g Kartoffeln
- 4 Frühlingszwiebeln
- 20 Cocktailtomaten
- ½ Stange Lauch
- Salz, Pfeffer
- 1 EL frische Rosmarinnadeln
- 5 EL Olivenöl

Für die Polenta Wasser salzen und in einem großen Topf zum Kochen bringen. Maisgrieß einrieseln lassen und unter Rühren die Masse aufwallen lassen. Auf kleiner Hitze, unter ständigem Rühren ca. 40 Minuten köcheln. Polenta vom Herd nehmen, auf einen Teller stürzen und gut auskühlen lassen.

Kartoffeln waschen und in kaltem, gesalzenem Wasser zustellen. Bissfest garen, abgießen und gut auskühlen lassen. Kartoffeln schälen, halbieren und in Würfel von ca. 1cm Größe schneiden. Polenta ebenso würfelig schneiden. Frühlingszwiebeln in breite Ringe schneiden. Tomaten und Lauch waschen und halbieren.

Wenn vorhanden, zwei große Bratpfannen vorbereiten, weil das knusprige Anbraten dann viel leichter fällt (sonst einfach in zwei Durchgängen zubereiten und die erste Portion dazwischen warm stellen). Jeweils 2 EL Olivenöl erhitzen, die Hälfte der Kartoffeln mit der Hälfte der Polenta vermengen und bei mittlerer Hitze rösten.

In einer kleinen Bratpfanne zuerst die Zwiebel- und Lauchringe in etwas Olivenöl anbraten, dann die Tomaten dazugeben und etwas salzen und pfeffern. Zuletzt Zwiebeln, Lauch und Tomaten vorsichtig mit der Polenta und den Kartoffeln vermengen. Die gehackten Rosmarinnadeln drüberstreuen.

Nachspeisen

Espresso Panna Cotta

Dieses Dessert aus Norditalien kann sowohl gestürzt als auch als Creme in einem schönen Schälchen angerichtet werden.

30 Min.
+ Kühlzeit

- 30 g feiner Zucker
- 200 ml Espresso
- 250 ml Sojasahne (Hafersahne)
- 50 g Schokolade (70 %)
- 1 Packung (10 g) Agartine
- 1 TL Vanillezucker
- 4 EL Sprühsahne
- Karamellsauce (Rezept S. 123)
- etwas Kaffeepulver

Zucker, Agartine, Vanille vermischen, Schokolade fein hacken. Espresso zubereiten, mit der Sojasahne verrühren und die trockenen Zutaten (ohne Schokolade) unterrühren. Alles in einem Topf erhitzen, ca. 2 Minuten köcheln lassen, dabei ständig rühren. Vom Herd nehmen und die Schokolade mit einem Schneebesen einrühren, bis sie geschmolzen ist.

Wenn man das Panna Cotta stürzen will, die Masse in kalt ausgespülte Förmchen gießen und für 4 Stunden kalt stellen. Soll das Panna Cotta cremig bleiben, die Masse in ein Gefäß geben, kalt stellen und immer wieder durchrühren.

Panna Cotta mit zuvor zubereiteter Karamellsauce und Sprühsahne anrichten und mit etwas Kaffeepulver bestreuen.

Tiramisu

Ein traditionelles und sehr beliebtes Dessert aus Venetien.

BISCOTTI: 2 Std. 30 Min.

- 300 g Weizenmehl
- 2 EL Maisstärke
- 1 Packung Backpulver
- 140 g feiner Kristallzucker
- 75 g weiche, hochwertige Margarine
- 6 EL Sojajoghurt
- 2 EL Kichererbsenmehl
- 100 ml Sprudelwasser
- etwas Margarine und Mehl zum Vorbereiten der Backform

CREME: 30 Min. + Kühlzeit

- 150 ml Soja- oder Reismilch
- ½ TL Agar-Agar oder ½ Packung Agartine
- 5 TL Maisstärke
- 300 g Seidentofu
- 130 g feiner Kristallzucker
- 1 Packung Vanillezucker
- 1 Prise Salz
- 300 ml aufschlagbare Soja-Sahne + 2 EL Sahnesteif

- 400 ml starker Kaffee
- 1 EL Rum
- 2–3 TL Kakaopulver

Backrohr auf 200 °C vorheizen. Für die Biscotti Mehl, Maisstärke und Backpulver in eine Schüssel sieben. In einer zweiten Schüssel Margarine mit Zucker und Vanillezucker schaumig rühren und das im Sprudelwasser verrührte Kichererbsenmehl unterrühren. Das Mehlgemisch darüber sieben und alles mit dem Handmixer gut verrühren. Tortenform (24 cm Durchmesser) mit Margarine ausfetten und Mehl bestäuben. Teig einfüllen und glatt streichen. Auf der mittleren Schiebeleiste zuerst 15 Minuten auf 200 °C, dann weitere 20–25 Minuten auf 180 °C backen. Mit einem Holzspieß in die Mitte des Kuchens stechen. Wenn beim Herausziehen kein Teig mehr daran kleben bleibt, ist er fertig gebacken. Zum Auskühlen etwas in der Tortenform lassen und dann auf ein Kuchengitter stürzen.

Wenn der Kuchen kalt ist, ihn mit einem scharfen Messer vierteln, dann jedes Viertel in ca. 7 mm dicke Scheiben schneiden (auf keinen Fall breiter als 1 cm). Die Scheiben auf ein mit Backpapier ausgelegtes Backblech legen und auf mittlerer Schiebeleiste bei 80 °C Umluft 1–1 ½ Stunden backen (sie sollten am Ende wie

umblättern ⟶

Zwieback sein). Vor Verwendung die Biscotti gut auskühlen lassen (nicht in den Kühlschrank geben).

Den Kaffee zubereiten, Rum einrühren und in einem Suppenteller kalt stellen.

Für die Creme von der Sojamilch 5 EL in eine Tasse geben und mit der Maisstärke verrühren. Restliche Sojamilch mit Agar-Agar verquirlen, in einen Topf geben und auf mittlerer Hitze unter ständigem Rühren aufkochen. Hitze reduzieren und ca. 3 Minuten weiter köcheln lassen (rühren nicht vergessen, da die Creme leicht anbrennt). Die verrührte Maisstärke zur Agar-Agar Mischung geben, gut umrühren und 1–2 Minuten köcheln lassen. Seidentofu zwischen Küchenkrepp gut ausdrücken, in ein Gefäß geben und mit dem Handmixer pürieren. Zucker, Vanillezucker, Salz und gekochten Soja-Mix unterrühren. Sojaschlagsahne mit Sahnesteif aufschlagen und mit dem Schneebesen unter die Creme ziehen, bis die Masse geschmeidig ist.

Eine Form (20 x 20 cm) bereitstellen. Biscotti nacheinander kurz (sehr kurz) in den Kaffee tauchen und damit den Boden der Form auslegen. ¹/₃ der Creme darauf geben und verstreichen, dass alles gut bedeckt ist. Dann die Form um 90° drehen und wieder mit getauchten Biscotti belegen. Danach eine weitere Lage Creme. Form wieder zurückdrehen und eine letzte Lage getauchte Biscotti einfüllen. Zum Abschluss die verbleibende Creme darauf geben und glatt streichen. Mit der Hälfte des Kakaopulvers besieben. Mit Folie zudecken und für mindestens 8 Stunden in den Kühlschrank stellen. Vor dem Servieren nochmals mit Kakaopulver bestreuen.

» **TIPP:** Für die Biscotti eignet sich auch das Cantuccini-Rezept ausgezeichnet.

Maronilasagne

Im nördlichen Italien wurden die italienischen Esskastanien, auch Maroni genannt, bereits im Mittelalter angebaut.

1 Std. + Kühlzeit

MARONICREME:

- 100 g Maroni aus dem Beutel
- 150 ml Reismilch
- 20 g Zucker
- 1 TL Vanillezucker

SCHOKOLADENCREME:

- 150 g Seidentofu
- 1 EL Zucker
- 1 Packung Vanillezucker
- 150 g Schokolade (80 %)

- 1 Packung Strudelblätter (oder selbst gemachter Strudelteig, Rezept S. 24)
- 1 EL zerlassene, hochwertige Margarine

- etwas Staubzucker und Kakaopulver

Eine Lage Strudelblätter auf ein mit Backpapier ausgelegtes Backblech legen, mit etwas zerlassener Margarine bestreichen und eine zweite Lage darüber geben. In 10 x 6 cm große Rechtecke schneiden und bei 180 °C auf mittlerer Schiebeleiste ca. 5 Minuten hellbraun backen.

Für die Maronicreme Maroni in der Reismilch 15 Minuten leicht kochen lassen. Mit Zucker und Vanillezucker pürieren. Für die Schokoladencreme Seidentofu, Zucker und Vanillezucker pürieren. Schokolade über Wasserbad schmelzen, etwas auskühlen lassen und mit der Tofucreme verrühren. Danach für 1 Stunde kalt stellen.

Jeweils 2 Strudelblätter etwas versetzt übereinander auf die Teller geben. Schokoladencreme in einen Spritzsack geben und etwas auf die Strudelblätter spritzen. Dann 2 weitere Strudelblätter darüber setzen und Maronicreme, die zuvor durch eine Kartoffelpresse gedrückt wurde, darauf geben. Nochmals 2 Strudelblätter darauf setzen und mit Schokoladencreme verzieren. Alles mit etwas Zucker und Kakaopulver bestreuen.

Orangen-carpaccio

mit Orangengnocchi und Arance Candite

Beim Kandieren werden frische Früchte, Fruchtschalen, Wurzeln, Blüten durch die Erhöhung des Zuckergehaltes und Reduzierung des Wassergehaltes konserviert, sodass diese lange aufbewahrt und genossen werden können.

1 Std.
+ Kühlzeit

- 3 Orangen

SIRUP:
- 100 ml Orangensaft
- 100 g Zucker
- 1 Messerspitze Nelkenpulver

GNOCCHI:
- 250 g Sojajoghurt
- 200 g Sprühsahne
- 1 TL Vanillezucker
- 40 g Orangenfruchtfleisch
- 80 g Puderzucker
- 2 TL abgeriebene Orangenschale
- 2 TL Cointreau
- 100 ml Orangensaft
- 1 Packung (10 mg) Agartine

ARANCE CANDITE:
- 1 Bioorange
- Kristallzucker
- Wasser
- 25 g Schokolade (70 %)
- 2 EL Pistazien

Für die Arance Candite Orange waschen, tocknen und so schälen, dass keine weißen Häutchen mehr auf der Schale sind (wird sonst bitter). Schale in dünne Streifen schneiden, ca. 30 Minuten in etwas Wasser kochen. Wasser abschütten und Schalen gut abtrocknen. Menge der Schalen abwiegen, gleiche Menge Zucker hinzugeben und bei mäßiger Hitze so lange köcheln lassen, bis die Orangenschalen den Zucker vollständig aufgenommen haben. Herausheben und auf Backpapier trocknen lassen.
Danach Schokolade über Wasserbad schmelzen lassen und die Arance darin zur Hälfte tunken.

Für die Gnocchi 40 g Puderzucker, Orangenschale und Vanillezucker mischen, mit dem Joghurt vermengen und Cointreau und Orangenfruchtfleisch unterheben. Die restlichen 30 g Zucker mit Agartine vermengen, in Orangensaft aufkochen, 2 Minuten köcheln lassen und kurz abkühlen. Mit einem Rührmixer diese mit 3–4 EL der Joghurtmasse gut vermengen. Zuletzt die Sprühsahne unterziehen. Die Masse mindestens 4 Stunden in den Kühlschrank geben.

Für den Orangensirup in einem kleinen Topf Orangensaft mit Zucker und Nelkenpulver aufkochen und so lange auf niedriger Stufe köcheln lassen, bis er sirupartig eindickt.

Orangen sorgfältig schälen und in Scheiben schneiden. Jeweils 4 Scheiben auf einen Teller legen und mit Orangensirup beträufeln. Mit 2 Teelöffeln kleine Gnocchi aus der Joghurtmasse ausstechen, auf den Teller geben und mit Arance Candite und gehackten Pistazien verzieren.

Mandel-Stracciatellaeis

mit warmer Schokoladensauce

Das Straciatellaeis hat seinen Namen von den feingehackten Schokoladenstückchen bekommen.

30 Min.
+ Kühlzeit

MANDEL-STRACCIATELLAEIS:

- 40 g feiner Zucker
- 100 ml Reismilch
- 100 ml aufschlagbare Sojasahne
- ½ TL Sahnesteif
- 2–3 Messerspitzen Vanillemark
- 30 g Schokolade (70 %)
- 20 g gehackte Mandeln
- 10 g Rohrzucker

SCHOKOLADENSAUCE:

- 100 ml Sojasahne
- 50 g Schokolade (70 %)
- 1 TL Fruchtzucker in 20 ml Wasser aufgelöst

- 8 Amaretti (Rezept S. 123) oder andere vegane Kekse
- 250 g Erdbeeren (davon 4 Stück zum Garnieren)

Für das Eis Reismilch in eine gefrierfeste Schüssel geben, Zucker, Vanillemark und 50 ml Sojasahne unterrühren und für 1 Stunde ins Gefrierfach stellen.

Die restliche Sahne mit Sahnesteif aufschlagen, diese vorsichtig unter das Halbgefrorene mengen und wieder für 2 Stunden ins Gefrierfach geben.

Den Rohrzucker in einem kleinen Topf schmelzen lassen und die gehackten Mandeln unterrühren. Die karamellisierten Nüsse auf ein Backpapier streichen, auskühlen lassen und mit einem Messer grob hacken. Schokolade hacken und mit dem Krokant gleichmäßig unter das Eis mengen. Nochmals für eine Stunde ins Gefrierfach stellen.

Vor dem Servieren die Schokoladensauce zubereiten. Sojasahne erhitzen, vom Herd nehmen und die Schokolade einrühren, bis sie geschmolzen ist. Das Fruchtzuckerwasser zügig untermischen. In 4 Eisbecher geteilte Amaretti, gewaschene und geschnittene Erdbeeren und Eis schichtweise einfüllen. Mit Schokoladensauce und einer Erdbeere garnieren.

»» **TIPP:** Diese Tiramisu-Variation schmeckt auch sehr gut in der Schokoladen-Nussvariante mit Schokoladeneis und karamellisierten Nüssen.

Gelati

Die italienische Bezeichnung Gelati kommt aus dem Lateinischen und bedeutet gefroren.

15 Min.
+ Kühlzeit

HEIDELBEEREIS:

- 200 g Sojajoghurt mit Heidelbeeren
- 100 g TK-Heidelbeeren
- 2 EL Hafersahne
- Ahornsirup nach Bedarf

Joghurt mit den gefrorenen Heidelbeeren pürieren, Hafersahne dazugeben, nach Geschmack etwas nachsüßen und für 2–3 Stunden in den Gefrierschrank geben (Bei frischen Heidelbeeren verlängert sich die Gefrierzeit auf 4 Stunden). Während des Gefriervorgangs Eis 2–3 mal mit dem Handrührgerät aufschlagen.

ERDBEEREIS:

- 250 ml Reismilch
- 1 TL Vanillezucker
- 300 g frische Erdbeeren
- 3 EL Agavensirup

Reismilch mit Vanillezucker kurz aufkochen. Erdbeeren waschen, putzen, pürieren und mit Agavensirup in die Reismilch geben. Mindestens 4 Stunden in den Gefrierschrank geben und mindestens 2–3 mal mit dem Handmixer aufschlagen.

HIMBEEREIS:

- 125 g Sojajoghurt
- 250 g gefrorene Himbeeren
- 40 g Puderzucker
- ½ TL abgeriebene Zitronenschale
- 60 g Soja-Sprühsahne

Joghurt mit Puderzucker und Zitronenschale verrühren. Himbeeren pürieren und mit der Sprühsahne unter den Joghurt mischen. 2–3 Stunden in den Gefrierschrank stellen (bei frischen Früchten mindestens 4 Stunden) und 2–3 mal mit dem Handmixer aufschlagen.

Melonen-Limetten-Granita

Im Gegensatz zum cremigen Sorbetto hat die Granita eine kristallige Konsistenz.

15 Min.
+ Kühlzeit

- 400 g Wassermelone
- 250 ml Bitter Lemon
- 1 Limette

Die Melonenschale und Kerne entfernen und gemeinsam mit Bitter Lemon und ausgepresstem Limettensaft in einem hohen Gefäß mit dem Stabmixer pürieren. Durch ein Sieb streichen und den Saft in einem flachen Gefäß in den Gefrierschrank stellen. Während der nächsten 6–8 Stunden stündlich mit einer Gabel durchrühren. In Gläser füllen und rasch servieren.

Prosecco mit Nektarinen-Wodka-Mus

Prosecco war ursprünglich nur der Name einer weißen Rebsorte, die in Treviso wächst.

15 Min.
+ Kühlzeit

MUS:
- 2 Nektarinen (ca. 250 g)
- 50 g Zucker
- 50 ml Wasser
- 100 ml Wodka

- 2 Nektarinen
- ½ Flasche Prosecco

Nektarinen waschen und pürieren. Gemeinsam mit dem Zucker und Wasser 3 Minuten aufkochen lassen. Dabei immer wieder umrühren. Alles durch ein feines Sieb streichen und mit dem Wodka verrühren. Auskühlen lassen und über Nacht in das Gefrierfach stellen. Dieses Mus wird nicht völlig gefrieren, sondern immer schön geschmeidig bleiben. Vor dem Servieren kurz mit dem Stabmixer pürieren.

Nektarinen kreuzweise einschneiden und mit kochendheißem Wasser überbrühen. Vorsichtig die Haut abziehen und in Spalten schneiden.

Jeweils 1–2 EL des eisgekühlten Muses und 3–4 Nektarinenspalten in ein schönes Glas geben und mit Prosecco aufgießen. Mit einem kleinen Löffel servieren, damit man vor dem Trinken umrühren kann. Erst dann verbindet sich das Mus vollständig mit dem Prosecco.

Limoncello

- 1 l Korn (38 %)
- 4 Biozitronen
- 150 g Kandiszucker
- ½ Vanilleschote

Der Zitronenlikör hat seine Heimat im südlichsten Italien und wird gerne auch zum Verfeinern von Süßspeisen verwendet.

45 Min.
+ Ruhezeit

Biozitronen mit einer Bürste vorsichtig abwaschen. Mit einem scharfen Gemüsemesser nur die Haut abschälen, es darf keine weiße Innenhaut dabei sein, da das Getränk sonst bitter wird. Korn zur Hälfte in ein anderes Gefäß schütten, den Zucker, das Innere der halben Vanilleschote und die Zitronenschalen in die Flasche geben und mit dem restlichen Korn auffüllen. Flasche gut verschließen und 3 Monate an einem dunklen, kühlen Ort stehen lassen.

Zwischendurch immer wieder schütteln. Dann einen Kaffeefilter in einen Trichter geben und den Limoncello in eine andere Flasche umfüllen.

TIPP: Wenn der Limoncello eine hellgelbe Farbe bekommen soll, dann muss man weißen Kandiszucker verwenden.

Nektarinen-Mandelkuchen

Avola, die berühmteste, italienische Mandelsorte, verdankt der Stadt Avola in Sizilien ihren Namen. Jedes Jahr wird dort zur Mandelblüte ein großes Mandelblütenfest gefeiert.

1 Std. 30 Min.
+ Ruhezeit

- 230 g Dinkelmehl
- 20 g Kichererbsenmehl
- 230 g gemahlene Mandeln
- 200 g Zucker
- 200 g hochwertige Margarine
- 1 TL Ingwerpulver
- 1 Prise Nelkenpulver
- 10 g Puderzucker
- 10 g grob gehackte Mandeln
- 3 Nektarinen
- 1 EL Agavensirup

Gemahlene Mandeln in einer beschichteten Pfanne kurz anrösten. Dinkelmehl, Kichererbsenmehl und Mandeln vermischen. Zucker, Ingwerpulver und Nelkenpulver dazugeben und mit der kalten Margarine rasch zu einem geschmeidigen Teig verkneten. In Folie wickeln und 1 Stunde kalt stellen.

Nektarinen waschen, vorsichtig halbieren, Kerne entfernen und in dünne Spalten schneiden. Eine Springform (Durchmesser 23 cm) mit Backpapier auslegen. Den Teig auf einem bemehlten Backbrett so groß ausrollen, dass er in die Springform passt. Dann mit einer Gabel den Teig mehrmals einstechen. Kuchenboden mit Nektarinenspalten belegen, mit dem Puderzucker und den gehackten Mandeln bestreuen und Agavensirup darüber träufeln.

Den Kuchen im vorgeheizten Backrohr auf der zweiten Schiebeleiste von unten bei 200 °C ca. 60 Minuten backen. Sollten die Nektarinen zu sehr bräunen, den Kuchen mit einem Blatt Papier abdecken.

» **TIPP:** Säuerliche Äpfel, Pflaumen, Aprikosen und Kirschen sind leckere Alternativen zu den Nektarien. Auch die Mandeln können durch andere Nüsse nach Geschmack und Laune ersetzt werden.

Mandelkaffee und Cantuccini

Cantuccini stammen aus der Nähe von Florenz und sind, so wie Zwieback, doppelt gebackene Kekse.

MANDELKAFFEE: 15 Min.

- 80 g gemahlene Mandeln
- 400 ml Reismilch
- 500 ml starker Kaffee
- 80 ml aufschlagbare Sojasahne
- 1 TL Sahnesteif
- 4 Mandeln

In einem Topf die gemahlenen Mandeln unter Rühren leicht anrösten, Reismilch dazugeben, aufkochen und vom Herd nehmen. 5 Minuten ziehen lassen. Kaffee zubereiten und Sojasahne mit Sahnesteif halbsteif schlagen. Mandelmilch durch ein Sieb gießen und nochmals erwärmen. Auf 4 Tassen verteilen, den Kaffee zugießen, mit Sojasahne bedecken und einer Mandel dekorieren.

CANTUCCINI (ca. 40 Stück): 1 Std. 30 Min.

- 100 g Weizenmehl
- 120 g Hartweizenmehl (ersatzweise Dinkel- bzw. Weizenmehl)
- 175 g Puderzucker
- 250 g weiße Mandeln
- 1 TL Weinsteinbackpulver
- 1 Prise Zimt
- 1 Prise Nelkenpulver
- 1½ TL Vanillezucker
- 2 TL Kichererbsenmehl
- 100 ml Apfelsaftschorle
- 10 g Puderzucker zum Bestäuben

Mehl und Backpulver in eine Schüssel sieben. Zimt und Nelkenpulver mit dem Zucker und Vanillezucker dazugeben. Mandeln grob hacken, ca. 40 g davon ganz lassen und unter die Zutaten mischen. Kichererbsenmehl mit Apfelsaftschorle gut verrühren und mit den trockenen Zutaten zu einem festen Teig verkneten. Teig vierteln und zu 4 cm dicken Rollen formen. Mit der Hand die Rollen etwas abflachen und auf ein mit Backpapier ausgelegtes Backblech legen. Mit Zucker bestreuen und im vorgeheizten Backrohr auf mittlerer Schiene bei 180 °C ca. 20–25 Minuten backen.

Backrohr auf 160 °C zurückschalten, die Rollen aus dem Rohr nehmen und kurz auskühlen lassen. Diese mit einem scharfen Messer (Sägemesser) auf einem Schneidebrett in ca. 1 cm breite Scheiben schneiden. Die Scheiben liegend zurück auf das Backblech geben und nochmals 15–20 Minuten backen. Auf einem Kuchengitter abkühlen lassen und luftdicht verpacken. (Cantuccini müssen hart bleiben!)

Kaffee Arancia und Panforte

Schon Dante Alighieri könnte diese Art Lebkuchen aus der Toskana genossen haben. Zu Beginn des 13. Jahrhunderts war dieser Pfefferkuchen bereits berühmt.

KAFFEE ARANCIA: 15 Min.

- 600 ml Kaffee
- 1 TL Cointreau
- 4 EL Soja-Sprühsahne
- 200 g Zartbitterschokolade
- 1 EL Zucker
- 1 EL Agavensirup
- 1 TL Kakaopulver
- 1 Bioorange

Schokolade in Stücke brechen und in einer Schüssel über einem Wasserbad schmelzen lassen. Kaffee zubereiten, mit Cointreau verfeinern und mit einem Schneebesen langsam unter die Schokolade rühren. Mit Zucker und Agavensirup abschmecken. In Tassen füllen, mit Sprühsahne garnieren und mit Kakaopulver und feinen Orangenstreifen (Zesten) garnieren. Am besten mit einem Sparschäler hauchdünne Streifen von der Orange ziehen und mit einem scharfen Gemüsemesser in noch feinere Streifen schneiden.

PANFORTE (ca. 30 Stück): 2 Std. + Ruhezeit

- 150 g Roggenmehl
- 100 g Dinkelmehl und Mehl zum Ausrollen
- 100 g Agavensriup
- 80 g Vollrohrzucker
- 40 g hochwertige Margarine
- 50 g gemahlene Haselnüsse
- 40 g geriebene, dunkle Schokolade
- 1 TL gemahlener Zimt
- ½ TL Nelkenpulver
- ¼ TL Kardamonpulver
- 1 TL abgeriebene Orangenschale
- 40 g Rosinen
- 30 g Orangeat
- 30 g getrocknete Cranberries
- 20 g kandierter Ingwer
- 1½ TL Natron
- 100 ml Reismilch

GLASUR:

- 2 EL Aprikosenkonfitüre
- 20 ml Wasser

- 1 Ausstechform rund (Durchmesser ca. 4–5 cm)

umblättern ⟶

→ Fortsetzung: Kaffee Arancia und Panforte

Roggen- und Dinkelmehl in eine Schüssel sieben. Rosinen, Orangeat, Cranberries und Ingwer hacken, mit dem Pürierstab faschieren und zum Mehl geben. Orangenschale, Nüsse, Schokolade und Gewürze untermengen.

Agavensirup, Vollrohrzucker und Margarine in einem Kochtopf bei niedriger Hitze zergehen lassen, dabei immer gut rühren. Vom Herd nehmen und mit einem Esslöffel unter die übrigen Zutaten mischen. Natron in Reismilch gut auflösen und ebenfalls mit allen Zutaten gut vermengen.

Den Teig gut durchkneten, wenn er klebrig ist, etwas Roggenmehl dazugeben und zu einem glatten, großen Laib formen. In eine Schüssel legen, mit einem Geschirrtuch zudecken und über Nacht rasten lassen.

Auf einem bemehlten Backbrett den Teig ca. 1½ cm dick ausrollen und Plätzchen ausstechen. Plätzchen auf ein mit Backpapier ausgelegtes Backblech legen (Abstand lassen, denn sie gehen beim Backen auf). In einem kleinen Topf die Konfitüre mit dem Wasser vermengen und unter Rühren kurz aufkochen lassen. Plätzchen damit bepinseln und im vorgeheizten Backrohr bei 200 °C auf mittlerer Schiebeleiste 12–15 Minuten backen.

» **TIPP:** Zum Aufbewahren Panforte mit einem Apfel in eine Blechdose geben – Plätzchen werden und bleiben dadurch weich.

Karamell Latte Macchiato und Amaretti

Diese italienischen Makronen werden gerne zum Kaffee serviert.

KARAMELL LATTE MACCHIATO: 15 Min.

- 800 ml Sojamilch
- 600 ml starker Kaffee
- 50 g Vollrohrzucker
- 60 ml Hafersahne
- 60 ml Wasser

Für das Karamell Zucker und Wasser bei mittlerer Hitze erwärmen, bis sich der Zucker aufgelöst hat. Die Zuckerlösung ca. 5 Minuten unter Rühren köcheln lassen, bis sich dunkles Karamell gebildet hat. Vom Herd nehmen und Hafersahne vorsichtig einrühren. Auf den Herd zurückstellen, Masse glatt rühren und leicht abkühlen lassen.

Kaffe zubereiten, Sojamilch erhitzen und vor dem Kochen aufschäumen. Milch auf 4 Gläser verteilen und langsam den heißen Kaffee in die Milch gießen. Der Kaffee sollte sich dabei über der Milch und unter dem Milchschaum absetzen. Karamell nach Geschmack dazugeben.

AMARETTI (ca. 25 Stück): 2 Std.

- 140 g feines Dinkelmehl
- 1 TL Weinsteinbackpulver
- 40 g gemahlene, weiße Mandeln
- 70 g weiche, hochwertige Margarine
- 30 g Puderzucker
- 1 EL Agavensirup
- ½ TL Vanillezucker
- 2 TL Amaretto
- ¼ TL gemahlener Zimt
- 100 g Puderzucker und 1 Prise Zimt zum Besieben

Margarine mit Zucker und Vanillezucker ca. 3 Minuten schaumig rühren. Agavensriup, Zimt und Amaretto dazugeben. Mehl mit Backpulver darüber sieben und mit den Mandeln zu einem glatten Teig verkneten. 1 Stunde in Folie gewickelt im Kühlschrank rasten lassen.

Teig portionieren und auf einer bemehlten Arbeitsfläche zu einer fingerdicken Rolle formen. 2 cm lange Stücke abschneiden und diese zu Kugeln formen. Vorsichtig auf ein mit Backpapier ausgelegtes Backblech legen und bei 180 °C auf mittlerer Schiebeleiste 15–20 Minuten backen. Sollten sie an der Oberfläche zu rasch bräunen, Kekse mit einem weißen Papier abdecken und fertig backen. Die noch heißen Plätzchen mit dem Zimt-Puderzuckergemisch besieben.

Obsttorte

28 cm Durchmesser

Orangen gedeihen am Fuße des Ätnas besonders gut. Die Sorte Tarocco gilt als die beliebteste sizilianische Orange.

1 Std. 20 Min.
+ Kühlzeit

MÜRBTEIG:

- 300 g Mehl
- 200 g hochwertige Margarine
- 100 g feiner Zucker
- 1 TL Backpulver
- ca. 4 EL Wasser
- etwas Margarine für die Form

VANILLECREME:

- 250 ml Reismilch
- 1 Packung Vanillepuddingpulver
- 2 gehäufte EL Soja-Sprühsahne

BELAG:

- 1 Nektarine
- 2 Orangen
- 10 große Erdbeeren
- 1 Handvoll Trauben
- 10 Zitronemelissenblätter
- 1 Packung veganer Tortenguss

Mehl mit Backpulver auf ein Backbrett sieben, in die Mitte eine Mulde drücken, Zucker hineingeben, Margarine in Flöckchen schneiden und auf dem Mehl verteilen. Alle Zutaten zusammen mit dem Wasser rasch zu einem glatten Teig verkneten. Eine Kugel formen, in Alufolie wickeln und 1–2 Stunden im Kühlschrank rasten lassen.

In der Zwischenzeit für die Vanillecreme Reismilch in einem Topf zum Kochen bringen. Zuvor 5 EL der warmen Reismilch mit dem Puddingpulver verrühren, sodass keine Klümpchen mehr übrig bleiben. Mit einem Schneebesen in die kochende Milch geben und unter ständigem Rühren ca. 2–3 Minuten kochen lassen, bis der Pudding eindickt. In eine Schüssel füllen, den Zucker unterrühren und abkühlen lassen. Immer wieder durchrühren und kurz vor dem Belegen die Sahne darunter ziehen.

Die Tarteform einfetten. Den Teig auf dem bemehlten Backbrett ca. 1 – 1½ cm dick ausrollen und damit Boden und Rand auslegen. Mit einer Gabel mehrmals den Tortenboden in kleinen Abständen einstechen. Im vorgeheizten Backrohr bei 200 °C auf der 2. Schiebeleiste von unten ca. 25 Minuten goldbraun backen. Etwas auskühlen lassen und auf ein Kuchengitter stürzen.

Obst waschen und vorbereiten. Orangen schälen, die weiße Haut so gut wie möglich entfernen, in Scheiben schneiden und halbieren. Aus den Nektarinen Spalten herausschneiden und die Erdbeeren halbieren.

Vanillecreme auf dem Tortenboden verteilen, mit den Früchten belegen und der Zitronenmelisse dekorieren. Tortenguss nach Anleitung zubereiten und sparsam auf der Oberfläche verteilen.

» **TIPP:** Sollte die Torte sofort verzehrt werden, kann man auf den Tortenguss verzichten.

Zuccotto

20 cm Durchmesser, ca. 12 cm Höhe

Diese Spezialität aus der Toskana ist ein köstlich gefüllter Kuchen, der gekühlt und mit Kakao bestäubt serviert wird.

1 Std. 30 Min.
+ Kühlzeit

KUCHEN:

- 300 g Weizenmehl
- 100 g Maisstärke
- 1 Packung Backpulver
- 1 Prise Salz
- 1 Packung Vanillezucker
- 1 TL Zitronenschale
- 180 g Puderzucker
- 150 g hochwertige Margarine
- 150 ml Reismilch
- 150 ml Mineralwasser

FÜLLUNG:

- 100 g weiße, gehackte Mandeln
- 50 g Puderzucker
- 100 g Zartbitterschokolade
- 3–4 EL Weinbrand
- 600 ml aufschlagbare, vegane Sahne
- 2 Packungen Sahnesteif

- Kakaopulver zum Besieben

Mehl, Maisstärke, Backpulver und Salz in eine Schüssel sieben. In einer zweiten Schüssel mit dem Handrührgerät Margarine mit Vanillezucker, Zitronenschale und Zucker schaumig rühren. Die trockenen Zutaten abwechselnd mit Mineralwasser und Reismilch unter die Zuckermasse rühren. Backblech mit Backpapier auslegen und die Teigmasse darauf glatt streichen. Im vorgeheizten Backrohr bei 200 °C auf mittlerer Schiene ca. 20 Minuten hellbraun backen. Gut auskühlen lassen.
Für die Füllung die Sahne mit Sahnesteif nach Anweisung aufschlagen und mit Mandeln, Zucker und geriebener Schokolade vermengen. Kalt stellen.
Eine Plastikschüssel mit Frischhaltefolie auskleiden. Aus der einen Hälfte der Kuchenplatte 5 Dreiecke mit 15 x 15 x 12 cm ausschneiden. Aus der zweiten Hälfte 2 Halbkreise für den Deckel (es bewährt sich, wenn man zuvor aus Papier Schablonen ausschneidet, die man auf die Kuchenplatte legen kann). In die Schüssel legen, mit den Fingern fest an den Rand drücken, sodass keine Zwischenräume bleiben.
Mit Weinbrand beträufeln und mit der Sahnemasse füllen. Mit den Halbkreisen aus Kuchen gut abschließen und mit Folie bedeckt für 2 Stunden in den Gefrierschrank stellen.
Vor dem Servieren für 1 Stunde in den Kühlschrank geben, dann auf eine Kuchenplatte stürzen und mit Kakaopulver besieben (wenn er sich nicht aus der Form lösen lässt, kurz mit einem Föhn anwärmen)

Register

Impressum

Neun Zehn Verlag
Walter Unterweger
Kreuzstr. 21
13187 Berlin

www.neunzehn-verlag.de

1. Auflage Printed 2013
ISBN: 9783942491280

Fotografie: Arnold Pöschl
Fotografien Val d'Orcia, Toskana: Daniela & Wolfgang Bacher
Satz: Satz - & Verlagsservice Ulrich Bogun
Gestaltung: Jannis Schulze